质性研究数据分析工具

NVivo 12 实用教程

冯狄 著

人民邮电出版社

北京

图书在版编目（CIP）数据

质性研究数据分析工具NVivo 12实用教程 / 冯狄著. -- 北京：人民邮电出版社，2020.5
ISBN 978-7-115-53876-5

Ⅰ. ①质… Ⅱ. ①冯… Ⅲ. ①社会科学－研究方法－软件工具 Ⅳ. ①C3-39

中国版本图书馆CIP数据核字(2020)第077935号

内 容 提 要

NVivo是支持质性研究和混合方式研究的工具软件，是为帮助用户整理、分析和提炼对非结构化或质性数据（如采访、开放式调查回答、文章、社交媒体和网页内容）的观点而设计的。

本书集软件功能讲解、实例操作、习题训练于一体。通过功能讲解，介绍软件的基本功能；通过实例操作，详细讲解软件各种功能的使用方法；通过习题训练，使读者巩固所学知识、提高能力。

本书附赠部分案例的素材文件、教学规划参考和教学大纲等资源。

本书适合科研工作者、相关院校师生和商业、政府机关、媒体等领域的工作人员使用。

◆ 著 冯 狄
 责任编辑 张丹阳
 责任印制 马振武

◆ 人民邮电出版社出版发行　北京市丰台区成寿寺路11号
邮编 100164　电子邮件 315@ptpress.com.cn
网址 https://www.ptpress.com.cn
北京七彩京通数码快印有限公司印刷

◆ 开本：787×1092　1/16
印张：12　　　　　2020年5月第1版
字数：383千字　　2025年6月北京第25次印刷

定价：59.00元

读者服务热线：(010)81055410　印装质量热线：(010)81055316
反盗版热线：(010)81055315

PREFACE 前言

2018年初，我在加拿大访学期间第一次接触到NVivo这个分析软件，当时正好课题组要对实验对象进行访谈，于是我试着用NVivo对访谈数据进行分析。我一下子为NVivo的强大功能所折服，心想功能这么强大的软件中国有多少科研工作人员在使用呢？我在知网查询的结果是：2004-2019年期间所有在核心期刊发表的论文，在研究方法中使用NVivo的仅有336篇（截至2019年12月13日）。这个数字就像茫茫沙漠里的一粒沙尘，实在微不足道。然后我又在天猫、当当、京东等电商平台查找是否有与NVivo操作相关的书籍，遗憾的是，仅有一本NVivo 10的中文操作教程，而目前NVivo的版本已经是NVivo 12了。所以，我萌生了要写一本讲解NVivo 12操作的书，以帮助广大读者了解它的优点的想法。

NVivo是一款非常高效的软件，它为用户提供了整理和管理材料的功能，让用户能够在众多数据中找到自己想要的信息并得出结论；它还能够让用户以更为有效的方式探索关于数据的问题。

讲师、教授、学生和研究人员可以使用NVivo在文本、图像、文献、视频、调查、社交媒体等方面组织、管理和分析质性数据。营销人员、产品经理、政府研究人员、客户体验研究人员、律师和分析师可以使用NVivo来管理、分析客户满意度和了解员工敬业度。

我要感谢家人对我的支持，让我可以在万家灯火的夜晚静心写作；感谢人民邮电出版社张丹阳编辑的耐心指导，以及为本书出版发行做出贡献的每一个人。

本书是中央高校基本科研业务费项目成果之一，课题编号3072020CF1602。

冯狄

2019年12月

资源与支持 RESOURCES AND SUPPORT

本书由"数艺设"出品,"数艺设"社区平台(www.shuyishe.com)为您提供后续服务。

配套资源

书中案例的部分素材文件。

资源获取请扫码

"数艺设"社区平台,为艺术设计从业者提供专业的教育产品。

与我们联系

我们的联系邮箱是 szys@ptpress.com.cn。如果您对本书有任何疑问或建议,请您发邮件给我们,并请在邮件标题中注明本书书名及ISBN,以便我们更高效地做出反馈。

如果您有兴趣出版图书、录制教学课程,或者参与技术审校等工作,可以发邮件给我们;有意出版图书的作者也可以到"数艺设"社区平台在线投稿(直接访问 www.shuyishe.com 即可)。如果学校、培训机构或企业想批量购买本书或"数艺设"出版的其他图书,也可以发邮件联系我们。

如果您在网上发现针对"数艺设"出品图书的各种形式的盗版行为,包括对图书全部或部分内容的非授权传播,请您将怀疑有侵权行为的链接通过邮件发给我们。您的这一举动是对作者权益的保护,也是我们持续为您提供有价值的内容的动力之源。

关于"数艺设"

人民邮电出版社有限公司旗下品牌"数艺设",专注于专业艺术设计类图书出版,为艺术设计从业者提供专业的图书、U书、课程等教育产品。出版领域涉及平面、三维、影视、摄影与后期等数字艺术门类,字体设计、品牌设计、色彩设计等设计理论与应用门类,UI设计、电商设计、新媒体设计、游戏设计、交互设计、原型设计等互联网设计门类,环艺设计手绘、插画设计手绘、工业设计手绘等设计手绘门类。更多服务请访问"数艺设"社区平台www.shuyishe.com。我们将提供及时、准确、专业的学习服务。

CONTENTS 目 录

第1章 NVivo软件概述 7
- 1.1 NVivo软件功能及版本说明 8
- 1.2 NVivo软件工作区介绍 8
- 1.3 NVivo 12版本功能比较 9

第2章 NVivo数据结构设计 13
- 2.1 什么是项目 14
- 2.2 项目数据构思 14
- 2.3 建立和设置项目 14
- 2.4 建立备忘录 16
- 2.5 文件的导入 18
- 2.6 本章习题 19

第3章 NVivo中的案例 20
- 3.1 什么是案例 21
- 3.2 建立案例 21
- 3.3 案例节点分类的变量设置 22
- 3.4 归类案例 23
- 3.5 本章习题 25

第4章 数据分析：批注、备忘录链接与编码 26
- 4.1 建立批注 27
- 4.2 建立备忘录链接 29
- 4.3 对文档进行编码 30
- 4.4 本章习题 31

第5章 数据分析：取消、增加和查看编码 32
- 5.1 编码带 33
- 5.2 取消编码 34
- 5.3 增加编码 36
- 5.4 查看编码 36
- 5.5 本章习题 37

第6章 组织节点 38
- 6.1 节点结构化 39
- 6.2 重新组织节点 40
- 6.3 本章习题 42

第7章 查询 43
- 7.1 词频查询 44
- 7.2 文本搜索 48
- 7.3 编码查询 51
- 7.4 本章习题 54

第8章 数据图像化 55
- 8.1 探索示意图 56
- 8.2 比较示意图 59
- 8.3 图表 60
- 8.4 层次图表 64
- 8.5 本章习题 67

第9章 非文本数据编码 68
- 9.1 图片编码 69
- 9.2 音视频编码 71
- 9.3 外部材料处理 74
- 9.4 本章习题 77

第10章 调查数据分析ِ 78
- 10.1 调查数据的格式及设置 79
- 10.2 导入调查数据 79
- 10.3 本章习题 81

第11章 文件分类与案例分类 82
- 11.1 文件分类与案例分类的区别 83

目录 CONTENTS

11.2 建立文件分类 83
11.3 本章习题 86

第12章 导入多变量案例分类表格 87
12.1 导入分类表格文件 88
12.2 本章习题 89

第13章 在NVivo中记录你的思考与想法 ... 90
13.1 说明 91
13.2 "另见"链接 91
13.3 本章习题 95

第14章 图形的制作 96
14.1 思维图 97
14.2 项目图 100
14.3 概念图 105
14.4 本章习题 107

第15章 自动编码 108
15.1 通过问题格式和名字进行自动编码 ... 109
15.2 按主题自动编码的工作原理 112
15.3 按主题自动编码的具体操作 113
15.4 按情感自动编码的工作原理 116
15.5 按情感自动编码的具体操作 116
15.6 本章习题 121

第16章 发现编码数据中的模式 122
16.1 矩阵编码查询 123
16.2 交叉分析查询 132
16.3 群组和搜索文件夹（高级查询） 134
16.4 本章习题 139

第17章 复合查询和分组查询 140
17.1 复合查询 141

17.2 分组查询 143
17.3 使用分组查询和高级查询来查询关系 ... 146
17.4 本章习题 150

第18章 聚类分析 151
18.1 通过词频查询查看聚类分析 152
18.2 词相似性聚类分析 154
18.3 编码相似性聚类分析 155
18.4 节点聚类分析 157
18.5 本章习题 160

第19章 关系分析和网络社会分析 161
19.1 网络社会关系图 162
19.2 网络的种类 162
19.3 建立节点关系 164
19.4 建立社会关系 166
19.5 建立网络社会关系图 168
19.6 本章习题 172

第20章 框架矩阵 173
20.1 建立框架矩阵 174
20.2 关联视图的相关操作 177
20.3 使用框架矩阵总结内容 179
20.4 创建汇总链接 180
20.5 本章习题 182

第21章 NVivo中的团队合作 183
21.1 NVivo独立版本中的团队合作 184
21.2 团队项目的设置与合并 185
21.3 编码比较 189
21.4 本章习题 192

第1章

NVivo软件概述

―――― 内容概括 ――――

本章介绍NVivo 12软件的功能、版本和工作区，以及NVivo 12 Pro版与NVivo 12 Plus版功能的差异。

1.1 NVivo软件功能及版本说明

质性研究者对评价和解释社会现象很感兴趣，因此他们会经常分析诸如访谈、调查、现场笔记、网页、视听材料和期刊文章等的数据。

质性研究者通常采用质性的方法来解决他们研究的问题。例如，一个社会科学家想要发展新的概念或理论时，可能会采取"扎根理论"的方法；寻求改善卫生政策或方案设计方法的研究人员可以使用评估方法。NVivo不是为某一种特别的方法而设计的，不管使用什么方法，它都可以满足质性研究的需要。NVivo可以帮助你管理、探索和发现数据中的模式，但它不能取代你的分析专业知识。

NVivo有两个版本，分别是专业版 NVivo Pro 和 增强版NVivo Plus。要检查看软件的版本，可单击"文件"，再单击"选项"，版本信息将显示在"应用程序选项"对话框的"常规"选项卡中，如图1-1所示。如果你购买的是Plus版本，可以切换到Pro版本；但如果你购买的是Pro 版本，将无法切换到Plus版本。

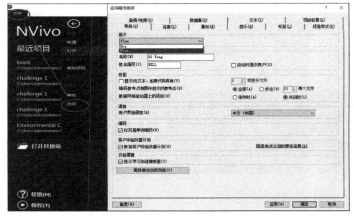

图 1-1

1.2 NVivo软件工作区介绍

图1-2所示为软件界面，下面分别对工作区的各部分进行简单介绍。

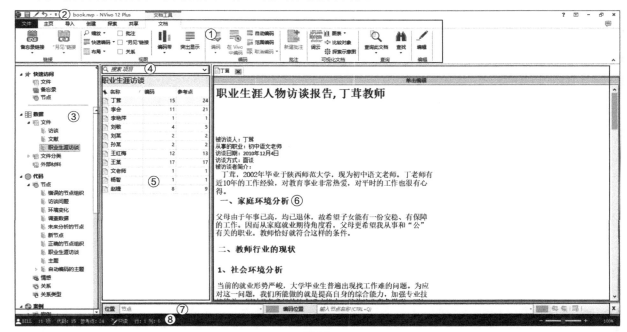

图 1-2

① 功能区：位于界面顶部，显示使用软件时需要的命令。

② 快速访问工具栏：位于界面左上角。利用它可以方便地访问常用命令，并且可以根据个人习惯添加或删除命令。

③ 导航栏：提供对所有项目的访问。项目以组为单位分类，如文件、节点和查询。在导航栏中单击文件时，其内容将显示在列表视图中。在导航栏中可以：

- 将常用项目锁定为快速访问项目；
- 添加自定义文件夹以组织项目；
- 自定义工作区，以及隐藏、显示自定义工作区。

④ 查找栏：显示在列表视图的顶部，如不需要，也可将查找栏隐藏起来。在查找栏搜索项目是在NVivo项目中搜索项目的快速方法。

⑤ 列表视图显示文件的内容。双击列表视图中的项目，可以在详细视图中打开它。在列表视图中可以：

- 对项目排序（通过单击列标题）；
- 将选定的项目添加到集合；
- 删除、剪切、复制、粘贴、打印和导出项目；
- 通过添加或删除列来自定义列表视图的显示。

⑥ 详细视图：是NVivo工作区的主要部分。当用户打开一个文件或节点时，它将显示在详细视图中。在此视图中可以：

- 浏览项目的内容；
- 对文件内容进行注释或编码；
- 查看节点上已编码的所有内容；
- 查看查询结果。

打开文件或图形时，它将以只读模式显示在详细视图中，并且详细视图的顶部会显示一个蓝色的信息栏。如果需要编辑它们，可单击蓝色信息栏切换到编辑模式。

如果希望在单独的窗口中处理项目，可以撤销对详细视图的锁定。可以打开多个项目，并单击详细视图顶部的选项卡来切换项目。

若要关闭项目，可单击详细视图顶部该项目对应的选项卡上的关闭按钮。

⑦ 快速编码栏。使用文件和节点时，快速编码栏将显示在详细视图的底部。它提供了一种快速的编码和解码方法，允许用户使用昵称进行编码。用户可以解除快速编码栏的锁定，使其在工作区上浮动。可以使用快速编码栏创建节点。

⑧ 状态栏。状态栏显示用户名首字母缩写和上下文信息，这些信息根据用户在项目中所做的不同操作会有所不同。例如，在详细视图中打开文件时，状态栏将显示：

- 文件处于只读模式还是编辑模式；
- 在节点上成功编码或未编码内容时的状态；
- 文件编码的节点数；
- 文件中编码引用的总数。

1.3 NVivo 12版本功能比较

NVivo 12 Plus版与Pro版绝大多数功能相同，只是Plus版多了社交网络功能分析、自动挖掘和自我中心化的社交网络图、网络社会和社交媒体网络图等功能。NVivo 12 Pro 版和 NVivo 12 Plus 版的详细功能比较如表1-1所示。

表1-1 NVivo 12 Pro 版和 NVivo 12 Plus 版功能比较表

功能		NVivo 12 Pro	NVivo 12 Plus
数据类型	图片 支持BMP、GIF、JPG、TIF和PNG 格式的照片及扫描图片，使用图片日志生成记录和评论	●	●
	视频和音频 支持MP3、WMA、WAV、M4A、MPG、MPE、WMV、AVI、MOV、QT、MP4、3GP、MTS和M2TS 格式的音频和视频，在软件中编辑录音文字和视觉化音频波形	●	●
	数据集 支持输入TXT、XLS、XLSX和CSV格式的数据表格和调研软件，支持表单和表格显示数据	●	●
	网页 使用NCapture功能抓取网页信息，并生成PDF文件	●	●
	社交媒体 允许搜集Twitter、Facebook 和YouTube上的信息	●	●
	电子邮件 支持从Microsoft Outlook中导入邮件，在收件人和发件人之间自动建立案例和关系	●	●
数据通用性	REFI-QDA 标准文件 支持导出和导入REFI-QDA 标准的质性研究文件	●	●
	质性数据分析软件 支持导入QSR、Atlas.ti、MaxQDA和Framework建立的数据格式	●	●
	参考文献管理软件 支持从EndNote、Mendeley、RefWorks、Zotero中导入文件	●	●
	统计分析软件 支持导入和导出Microsoft Excel、Microsoft Access 和IBM SPSS Stats 数据文件	●	●
	笔记软件 支持从EverNote 和 OneNote中直接导入笔记并保持原格式不变，可以从平板电脑和手机中轻松导入笔记	●	●
	互联网调查软件 支持从SurveyMonkey和Qualtrics中导入调查问卷	●	●
	通用格式 支持收集、导入和导出HTML、XML、CSV、XLS、XLSX和TXT格式的文件	●	●
	转写 可使用NVivo Transcription自动建立转写文字并同步至媒体文件	●	●
	社交媒体 可从Twitter、Facebook或YouTube上搜集人群、组织和机构的信息	●	●
	社交网络分析 可建立和分析人与人或其他实体之间的关联。视觉化人群之间的关联，通过网络矩阵深度理解内在联系。支持Pajek		●
数据管理	数据组织	●	●
	誊写	●	●
	可靠性（一致性）	●	●
	大容量数据支持	●	●
	可追溯	●	●

(续表)

功能		NVivo 12 Pro	NVivo 12 Plus
数据管理	恢复性	●	●
	安全性	●	●
	数据分析		
	编码	●	●
	案例编码	●	●
	根据结构自动编码	●	●
	根据姓名自动编码	●	●
	根据现有编码模式进行自动编码	●	●
	案例分类	●	●
	注释		
	备忘录	●	●
	链接	●	●
	框架矩阵	●	●
	社交网络分析		●
	自动挖掘		●
数据视觉化	编码带	●	●
	图表	●	●
	字云	●	●
	聚类分析	●	●
	字树	●	●
	层次图表	●	●
	地理可视化	●	●
	探索示意图	●	●
	比较示意图	●	●
	项目图	●	●
	概念图	●	●
	思维图	●	●
	自我中心化的社交网络图		●

（续表）

功能		NVivo 12 Pro	NVivo 12 Plus
数据视觉化	网络社会		●
	社交媒体网络图		●
数据探索	文本搜索	●	●
	编码查询	●	●
	词频查询	●	●
	矩阵编码	●	●
	交叉分析	●	●
	查找	●	●
	报告	●	●
语言支持	拼写检查	●	●
	数据语言	●	●
	查询语言	●	●
	用户界面语言	●	●
团队工作支持	项目合并	●	●
	多用户项目	●	●
	编码比较	●	●
	编码书	●	●
用户帮助	简单，易用	●	●
	开始帮助	●	●
	在线帮助	●	●
	在线课程	●	●
	案例项目	●	●
	系统管理员帮助	●	●
	社区资源	●	●
	升级通知	●	●

第 2 章 NVivo数据结构设计

---内容概括---

本章主要介绍在进行数据分析前所做的一些必要的准备工作,如项目数据构思、建立和设置项目、建立备忘录等。

2.1 什么是项目

项目是指为了一个研究任务而建立的源数据，如访谈笔记、访谈录音、访谈视频等，也包括由这些源数据分析出的结果。请记住，每个项目在NVivo中都是不同的，因为项目拥有不同类型的数据和不同的分析方法。在我们研究本章中的示例项目时，将介绍NVivo中使用的术语、NVivo项目的不同元素，以及NVivo中的数据类型。

2.2 项目数据构思

当使用NVivo来分析数据时，首先考虑的是如何结构化数据，正如在开始搜集数据一样，你需要提前考虑如何搜集数据、如何提问。将数据导入NVivo后需要把数据结构化，以便利用NVivo提供的功能得出结果。

下面的案例是质性研究者想知道受访者对某一地区环境变化的感受而设计的数据结构，如表2-1所示。

表2-1 数据结构示例表

	具体项		
数据类型	访谈	文献	新文档
案例个人	性别	年龄范围	教育程度
案例整体	总人口数	驱车时间	纳税平均值
主题框架	社区	自然环境	房地产发展
新出现的主题	通过精细阅读和解释文本而出现的其他主题		
时间范围	一次访谈，不回访		

以下是对表2-1的解读。
- 数据类型是指研究的数据类型（如访谈、文献和新文档）；
- 在NVivo中，案例是指研究的"观察单位"（有时是个别受访者，有时是某地区的不同社区）和与他所比较的单位相关的变量（在本例中，是指总人口、每个社区或地方的平均税值和其他值，以及个人受访者的性别、年龄范围和其他人口统计特征）；
- 研究的时间范围，因为这不是一项纵向研究，不会对不同时期的数据进行比较；
- 主题框架中有一些粗略编码主题是预先拟定的（如社区、自然环境、房地产发展），还有一些其他主题是通过精细化阅读和解释文本来确定的。

2.3 建立和设置项目

双击软件图标打开软件，然后单击"空项目"图标，如图2-1所示。在"新建项目"对话框的"标题"文本框和"说明"文本框中填写相关信息，单击"确定"按钮即可建立项目，如图2-2所示。

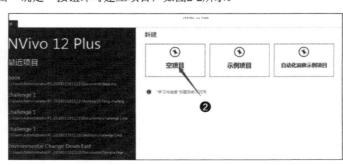

图 2-1

图 2-2

根据表2-1所示,项目建立完成后应对数据文档建立不同的文件夹进行分类。右击"文件",在弹出的菜单中单击"新建文件夹"命令,弹出"新建文件夹"对话框,输入新的文件名之后单击"确定"按钮,如图2-3和图2-4所示。

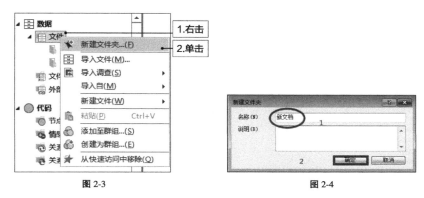

图 2-3　　　　　　　　　　　　　　图 2-4

根据表2-1所示,我们还需要对主题建立文件夹。右击"节点",在弹出的菜单中单击"新建文件夹"命令,如图2-5所示。之后为该文件夹命名,如图2-6所示。

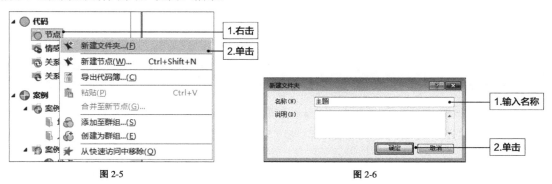

图 2-5　　　　　　　　　　　　　　图 2-6

接下来,需要建立案例。在NVivo中,案例是每个单位的集合。案例有时会有不同的属性。根据表2-1所示,案例有两类,一类是"人",另一类是"地点",因此我们要在"案例"文件夹下分别建立"人"和"地点"子文件夹。操作方法如图2-7和图2-8所示。

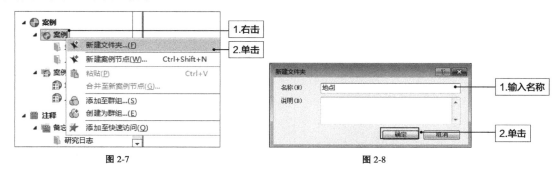

图 2-7　　　　　　　　　　　　　　图 2-8

案例建立后还需要对案例的变量进行设定，具体操作方法如图2-9至图2-12所示。

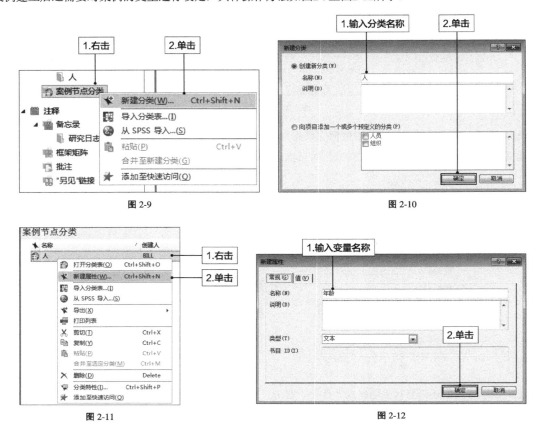

图 2-9　　　　　　　　　　　　图 2-10

图 2-11　　　　　　　　　　　　图 2-12

其他关于"人"的变量如"性别"，或关于"地点"的变量的创建，请重复图2-9至图2-12所示的操作。

2.4　建立备忘录

本节的学习任务是创建一个研究日志作为备忘录。你可以使用备忘录来讲述项目的故事，无论是你早期的想法和假设，还是对一个主题、个人或事件的成熟见解，都可以写进备忘录。随时随地与备忘录对话，并理解自己的数据。

用备忘录跟踪分析过程可以让数据变得更透明，让结果变得更可靠。在备忘录中记录流程后，你可以轻松地演示理论的发展，或者快速调用问题的数据。创建方法如图2-13和图2-14所示。

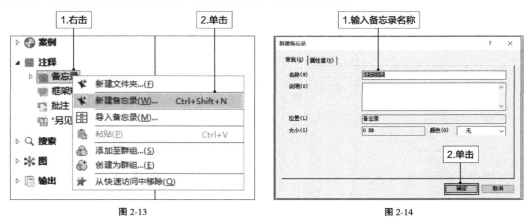

图 2-13　　　　　　　　　　　　图 2-14

单击"确定"按钮后，会出现图2-15所示左侧部分的"研究日志"项目。打开"研究日志"备忘录后会出现右侧的编辑窗口，单击蓝色文字"单击编辑"后才可以对备忘录进行编辑，如图2-15所示。

图 2-15

按Ctrl+Shift+T组合键插入第一个条目的日期和时间。在"编辑"选项卡中更改字体。单击"拼写"按钮，检查是否有拼写错误，如图2-16所示。

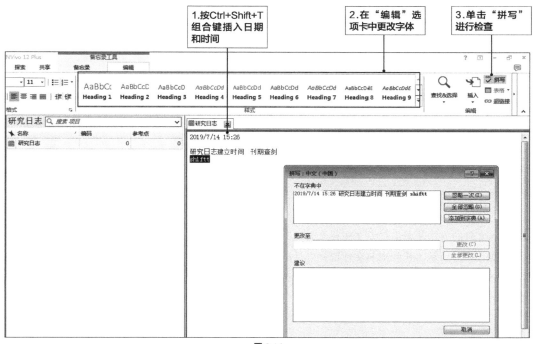

图 2-16

2.5 文件的导入

我们已经对数据进行了结构设计并建立了相关的文件夹，下面学习如何将要分析的数据导入NVivo中。第一种方法是右击"访谈"文件夹，在弹出的菜单中单击"导入文件"，弹出文件选择对话框。选择要导入的文件，如果要选择多个文件，应在按住Ctrl键的同时依次单击文件，之后单击"打开"按钮，弹出"导入文件"对话框，单击"导入"按钮，弹出"文档特性"对话框，单击"确定"按钮即可导入，如图2-17至图2-20所示。

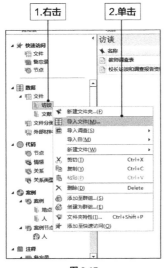

图 2-17

图 2-18

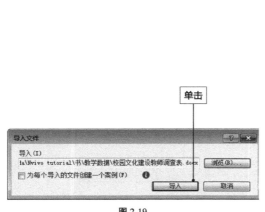

图 2-19

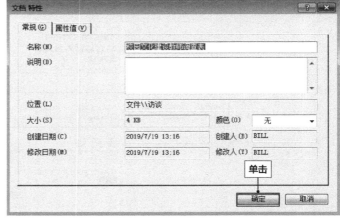

图 2-20

第二种导入文件的方法是单击目标文件夹"文献"，然后单击功能区中的"导入"选项卡，单击"数据"组中的"文件"，如图2-21所示。在弹出的文件选择对话框中选择要导入的文件，之后单击"打开"按钮，如图2-22所示。弹出"导入文件"对话框，单击"导入"按钮，弹出"PDF特性"对话框，单击"确定"按钮即可导入，如图2-23和图2-24所示。

图 2-21

图 2-22

图 2-23

图 2-24

2.6 本章习题

（1）建立一个空项目，然后与书中的数据结构设计进行对比。

（2）创建一个名为"研究日志"的备忘录，把它放在"笔记"文件夹中（备忘录中创建的子文件夹）；按 Ctrl+Shift+T 组合键插入第一个条目的日期和时间；写下到目前为止在创建这个项目时所做的工作；选择文本，并使用"编辑"选项卡中的"拼写"按钮检查是否存在拼写错误。

（3）运用本章所学的两种导入文件的方法，导入自己的数据文件。

（4）在"研究日志"备忘录中写下你所做的事情，记得单击蓝色文字"单击编辑"，并在条目的开始处添加日期和时间。

第3章

NVivo中的案例

---内容概括---

本章介绍案例的概念、建立和设置方法等内容。

3.1 什么是案例

现在你已经导入了一些数据，接下来需要完成NVivo数据库的设置。在NVivo项目中，案例是一个非常关键的数据结构组成部分。在NVivo中，案例代表你的观察单元或分析单元。

你已经在示例项目中看到了表示主题或类别的节点。案例和这些节点一样能够保存数据，不管你的观察单元是什么，它都能保存与一个人、一个地方或一个组织相关的所有数据。在本章中，你需要为你刚刚导入的访谈所代表的每个人创建一个案例，并将整个访谈编码到适当的案例中。案例很重要，因为编码到它们的每一段数据都可以链接到研究中属性（变量）的相关值。

3.2 建立案例

建立案例前需要把每一个访谈文件设置成一个单独的文件，不要把所有的访谈内容都放在一个文件里，文件名就是每一个案例的名字。例如，书中给出的例子就是采访不同老师对职业生涯的看法，所以老师的名字就是案例的名字，也就是每个案例文件的名字。

接下来导入案例文件。右击"职业生涯访谈"文件夹，单击"导入文件"，弹出文件选择对话框，全选案例文件，单击"打开"按钮，弹出"导入文件"对话框，单击"导入"按钮，如图3-1至图3-3所示。

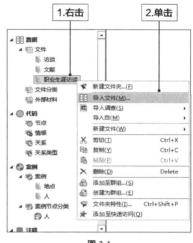

图 3-1

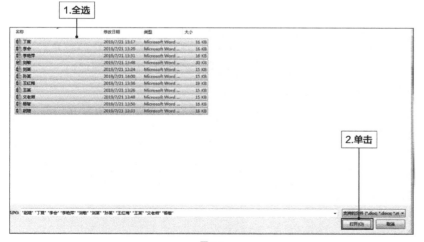

图 3-2

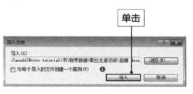

图 3-3

案例文件导入后，全选案例文件，右击选中的文件，在弹出的菜单中单击"创建为"，再单击"创建为案例"，弹出"选择位置"对话框，选择"人"，单击"确定"按钮，如图3-4和图3-5所示。

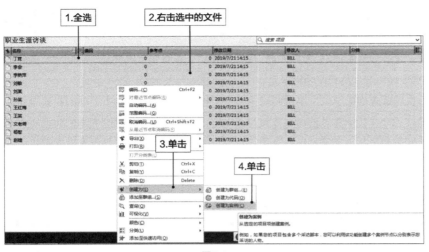
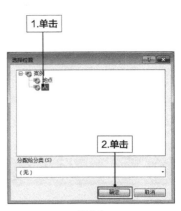

图 3-4   图 3-5

在NVivo操作界面左侧的导航栏中,单击"案例"组中的"人",刚刚创建的案例"人"会在导航栏的右侧显示出来,如图3-6所示。

双击其中的一个案例,该案例的访谈内容就会在右侧显示,如图3-7所示。

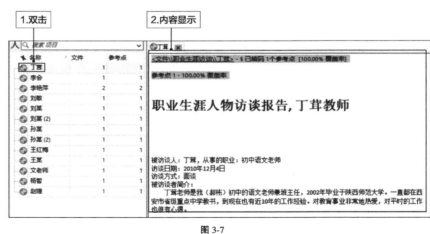

图 3-6   图 3-7

注意

为了更好地进行编码,建议把访谈Word文件内容进行标题层级化,这样有助于运行"自动编码"。

3.3 案例节点分类的变量设置

在第2章中已经介绍了案例及案例节点分类的建立(参考2.3节),本节介绍"案例节点分类"的变量设置。

单击导航栏中的"案例节点分类",右击在右侧出现的节点"人",在弹出的菜单中单击"新建属性",弹出"新建属性"对话框,输入变量名称并选择变量类型中的"文本",因为我们需要用文本描述来界定年龄区间,因此要选择"文本",如图3-8和图3-9所示。

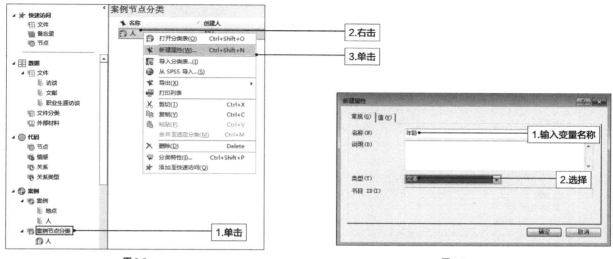

图 3-8　　　　　　　　　　　　　　　　　　图 3-9

在"新建属性"对话框中单击"值"选项卡,再单击"添加"按钮,输入变量值"30岁以下"。若要添加第二个变量值(如31~45岁)请重复图3-10中的步骤2和步骤3。添加完后单击"确定"按钮,如图3-10所示。

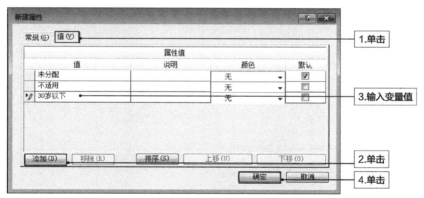

图 3-10

3.4 归类案例

分类和界定变量值区间后,下一步需要把所有案例的变量值归类进行输入。单击导航栏中"案例"组下的"人",在按住Ctrl键的同时选择所有案例,全选后右击选中的案例,在弹出的菜单中单击"分类"下的"人",如图3-11所示。

分类完成后,所有的案例都被归类了。单击"案例节点分类"中的"人",单击"+",之前被界定的变量属性"年龄"被显示出来,如图3-12所示。

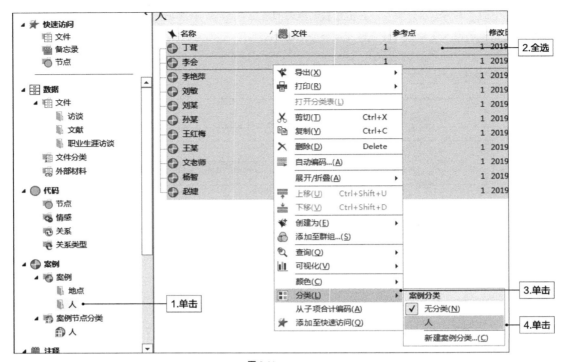

图 3-11

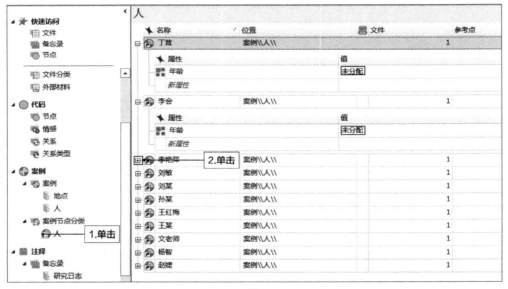

图 3-12

图3-12中标注的红色椭圆部分表明这两个案例的年龄值都还未分配,虽然我们之前界定了年龄区间,但是具体每个案例属于哪个年龄区间我们并没有给出特定值。所以接下来需要把所有案例的年龄值归类。打开"分类表"可以成批输入变量值。单击"主页"选项卡,再单击"案例分类"按钮,在弹出的菜单中单击"人",如图3-13所示。

图 3-13

案例分类列表打开后，单击"年龄"栏中的下拉按钮，选择该案例对应的年龄区间即可。按照相同步骤分配其他案例的年龄值，如图3-14所示。

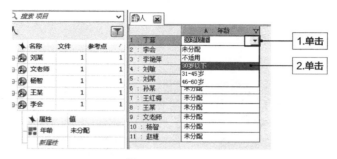

图 3-14

> **注意**
> 如果你已经为所有的案例创建了一个Excel电子表格或具有完整信息的其他表格，那么你可以选择将该文件作为一个分类表导入；只要第一列中的名称与你的案例名称匹配，NVivo就可以为每个案例分配适当的值。

3.5 本章习题

（1）在示例中建立其他案例，并对案例进行分类。
（2）为示例中的其他案例分配变量值。

第4章

数据分析：批注、备忘录链接与编码

―― 内容概括 ――

在本章你将学习分析数据。分析方法将由你选择的方法和分析的目标决定，但是几乎任何质性研究分析的第一步都是让自己沉浸在数据中。在NVivo中，可以阅读访谈笔录、边读边做批注，在"备忘录链接"中总结和反思你的访谈。此外，还要学习NVivo的一个核心操作，即"编码"，所有数据分析都要依靠高质量的编码，所以编码的好坏将直接影响数据分析结果的好坏。

4.1 建立批注

在探索和编码时，你可能需要对内容进行批注。虽然备忘录可以更好地捕捉你对某个主题的思考，但是批注对于记录某个特定短语、标记内容以及后续工作来说，很有帮助。

可以使用批注来记录下列内容：
- 在谈话中的某一点上记下肢体语言或语音语调；
- 强调转录问题；
- 突出显示需要进一步定义的单词或短语；
- 关于话语的某些方面的评论。

双击打开案例文件"李会"，在阅读的过程中你会碰到一些不明白或好奇的词语，如"可迁移技能"，这时候可以建立该词语的批注。具体步骤如图4-1和图4-2所示。

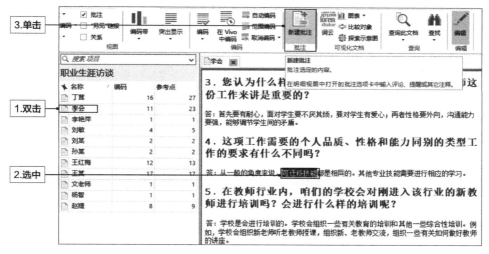

图 4-1

之后操作页面的底端会出现批注栏，在批注栏里输入你的问题或评论。输入完成后，单击选中的文字，被批注的文字有了蓝色的背景，如图4-2所示。在NVivo中，系统默认有蓝色背景的文字是被批注过的文字，以后阅读时遇到有蓝色背景的文字，说明该段文字被批注过。在批注栏中单击序号，系统会自动定位到该序号对应的被批注过的文字。

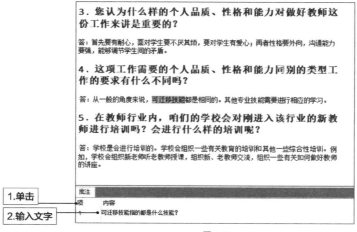

图 4-2

想要隐藏批注栏,可在功能区中单击"文档"选项卡,在"视图"组中取消勾选"批注"复选框,这时批注栏就会被隐藏起来,如图4-3所示。

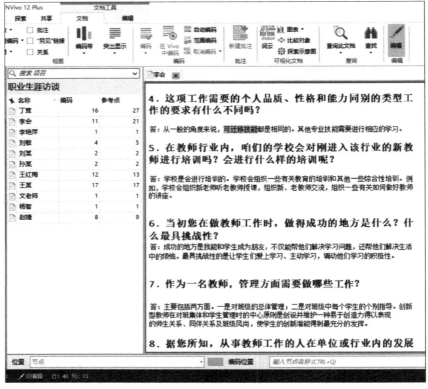

图 4-3

如果想查看所有的批注条目,可单击导航栏中"注释"组下的"批注",列表视图会显示所有的"批注"条目,如图4-4所示。

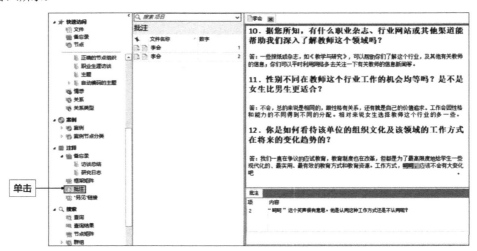

图 4-4

 注意

不能对批注进行编码,但可以根据其包含的文本搜索特定的批注。

4.2 建立备忘录链接

批注会帮助你评论、提醒，或观察特定的一个词语或一段话，而备忘录链接可以更好地帮助你记录想法、见解、解读或者逐步理解项目的数据。你可以使用备忘录对研究过程、数据或发现进行更长时间的思考，也可以使用备忘录链接将这些思考链接到你的数据。建立备忘录链接的详细步骤如图4-5至图4-6所示。

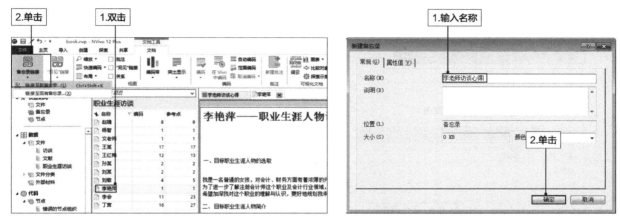

图 4-5　　　　　　　　　　　　　　　　图 4-6

单击"确定"按钮后，就会自动出现文字输入框。输入文字后，单击最左侧的导航栏里的"备忘录"，备忘录列表就会出现在导航栏的右侧，如图4-7所示。

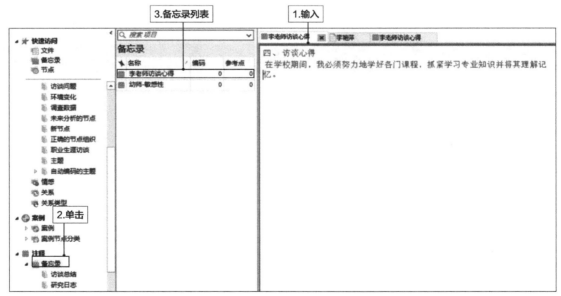

图 4-7

备忘录链接默认建立在"备忘录"目录下，你也可以改变它的存储位置。改变位置的方法如图4-8至图4-10所示。

把建立好的"备忘录"拖曳到新建好的"访谈总结"文件夹下，如图4-10所示。

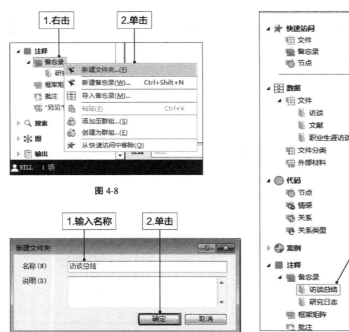
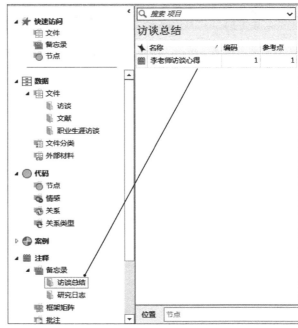

图 4-8

图 4-9

图 4-10

 注意

备忘录链接只能链接一个备忘录中的一个内容（数据文件或节点）。

4.3 对文档进行编码

本节将学习编码的基础操作，编码是指通过阅读把文献整理成一个个"观点""主题""人"或其他类别。这些不同类别在NVivo中叫作"节点"。编码的结果就是把这些分散的类别组织成统一的节点。建立节点的操作步骤如图4-11所示。

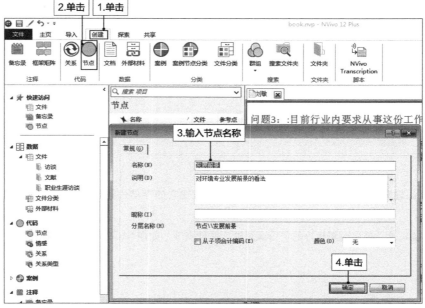

图 4-11

重复图4-11所示的操作步骤再建立一个节点，即"职业荣誉"。在主题列表里可看到新建的节点。为了实时了解编码信息，在编码前应打开"编码带"。单击"文档"选项卡中的"编码带"按钮，在弹出的菜单中选择"最近编码"，软件界面的右侧就会出现编码带。选择要编码的文字，把它拖曳到相应的节点中，即可完成编码，如图4-12所示。

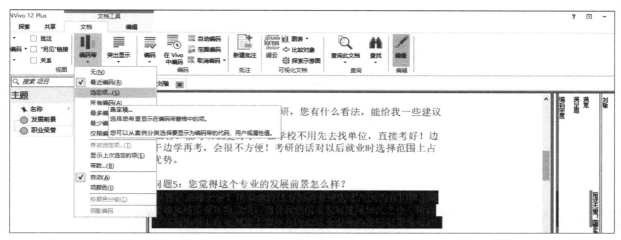

图 4-12

编码完成后，节点后面的"文件"和"参考点"下面的数字都变成了1，说明有一段编码被编到了"发展前景"节点中。右侧"编码带"区域出现了粉色的"编码带（发展前景）"，如图4-13所示。

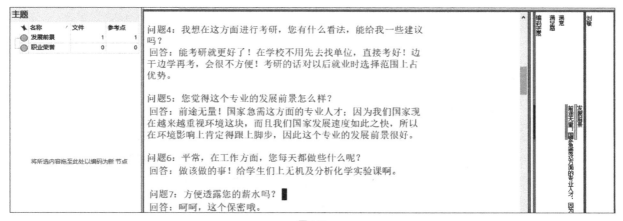

图 4-13

4.4 本章习题

（1）在你的研究日志中写下你所做的事情；思考批注和备忘录链接有何不同，以及它们如何帮助处理关于数据的不同想法和记录；记着在你的研究日志中插入日期和时间。

（2）对给出的其他案例进行编码。

第5章

数据分析：取消、增加和查看编码

内容概括

  编码是大多数定性研究的基本任务。对文件进行编码是把文献归类到某一具体的话题、主题、个人或其他类别所采用的方法。你可以对所有类型的文献进行编码，并将它们放在一个节点中。编码过程可以帮助你产生想法，并识别研究材料中的模式和理论。你还可以利用编码收集内容，并放在能够代表你研究主题的"节点"（如人或地点）中。在本章中你将学习一些处理节点和编码的相关方法。

5.1 编码带

在进行一些编码之后，你也许想修改你的编码或者取消之前的编码。在修改编码之前，你可以先使用"编码带"功能整体了解一下文档的编码情况。打开已编码的文档，双击打开任意节点，单击"编码带"按钮，在菜单中单击"选定项"，如图5-1所示。

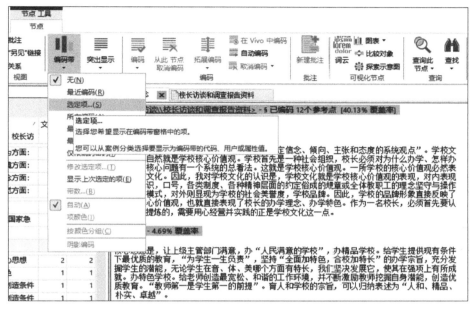

图 5-1

然后会弹出"选择项目项"对话框，单击"节点"，在右侧的列表中勾选你要查看的节点，单击"确定"按钮，如图5-2所示。

图 5-2

在每一个编码段落的右边会出现该段编码的编码带，这一整段的主题被编码成"学校理念"（粉色），颜色是系统自动分配的（也可以自定义颜色），如果该段落的某些部分还有其他编码主题，会显示另一种颜色的编码带。单击不同颜色的编码带，就会突出显示编码带相对应的编码部分。黑色编码带表示该段落的编码密度，颜色越黑，显示该部分被编码的次数越多；如果有部分白色，则说明该段落的某些部分未被编码，如图5-3所示。

右击"学校理念"编码带,在弹出的菜单中单击"突出显示编码",文章中的编码段落将被突出显示,如图5-4所示。

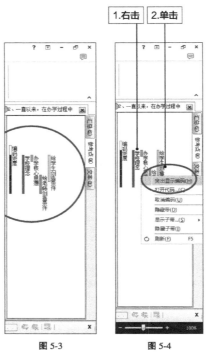

图 5-3　　　　　图 5-4

5.2 取消编码

如果发现该段的编码错误,可以右击"学校理念"编码带,在弹出的菜单中单击"取消编码",被选中的编码段落就会从当前编码中消失,如图5-5所示。

在浏览节点的时候,如果想找到该节点的原始文档,单击节点上方的蓝色文字超链接,NVivo 会弹出一个新窗口用于显示该节点出自哪篇文档,如图5-6所示。

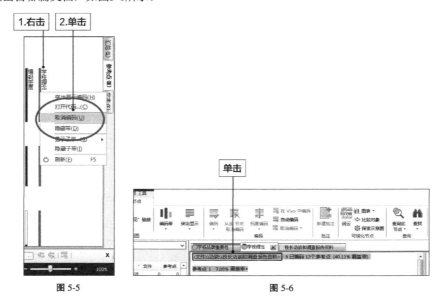

图 5-5　　　　　图 5-6

如果想对某一节点的前后文字进行查看，右击该节点，在弹出的菜单中单击"编码邻近区"，然后在菜单中单击"大范围"，该节点的前后文字就会显现出来。如果选择"小范围"，则只显示节点前后的5个字，此外也可以自定义节点前后的文字数量，如图5-7和图5-8所示。

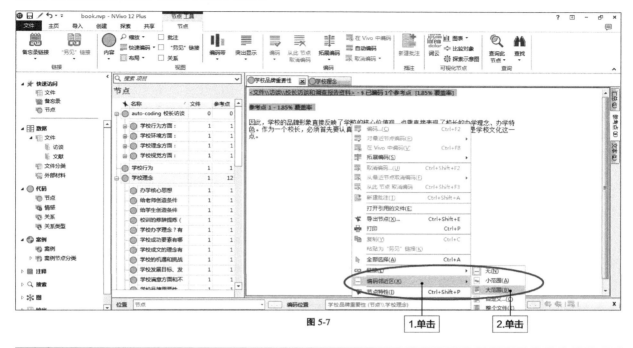

图 5-7

图 5-8

5.3 增加编码

需要对某一个节点增加编码时,选中文字后,右击文字部分,然后在弹出的下拉菜单中单击"编码",如图5-9所示。

之后出现"选择编码项"对话框,单击选择在哪个节点下建立新节点,然后单击"新节点"按钮,出现"新建节点",右击新出现的节点,在弹出的菜单中单击"重命名",对节点重新命名后单击"确定"按钮,新节点即被建立,如图5-10所示。

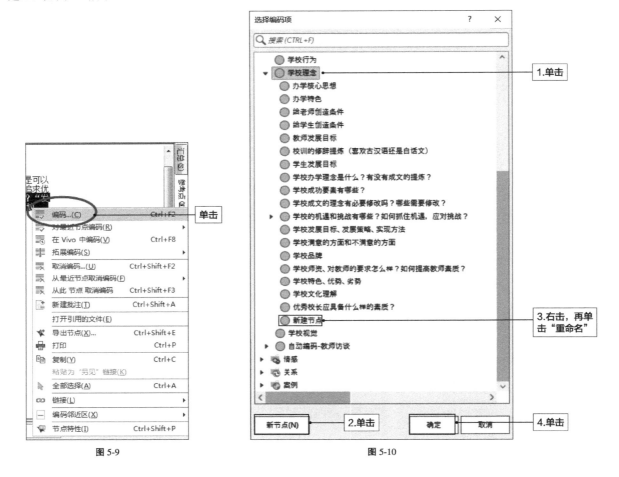

图 5-9　　　　　　　　　　图 5-10

5.4 查看编码

要对某一节点的所有数据汇总进行查看,首先选择要查看的节点,双击选择某一节点之后单击"汇总",就会出现该节点下被编码的数据总体情况。案例中显示的是"学校文化理解"节点,有3段编码,这3段编码来自两篇文档,分别是"教师调查表"和"校长访谈和调查报告资料",如图5-11所示。

图 5-11

5.5 本章习题

（1）通读已编码到其他节点的编码；创建一些新节点，以便更好地为它们所讨论的内容类型编码，并从已编码文本中取消一些编码。

（2）在你的研究日志中写下你在数据中看到的任何模式的反思。

第 6 章

组织节点

---内容概括---

节点是理解和使用NVivo的核心，它们让你可以在一个地方收集相关的材料，以便寻找新的模式和想法。NVivo 允许在组织节点的时候采用层级方式。这种方式可以把主题节点看作目录或归档系统。随着节点的不断变化，这种层级结构也会不断变化。

如果你预先不知道你的节点是什么，那么需要从收集的数据中挖掘出现的主题。在创建节点时，要定期检查它们，并开始对它们进行分类。这样，你就不会得到一长串没有组织的节点列表。在这种方法中，节点结构化能够帮助你轻松查看已经创建的节点。

6.1 节点结构化

将节点结构化表示你对数据中的概念和案例越来越了解。在分析过程中,你对项目中节点的理解可能会发生变化。例如,你可能希望通过合并具有相同含义的节点来简化节点结构。

在编码中抽出时间来反思你的节点,并组织出现的主题。保持节点结构化的原因有以下几点。

- 能够很容易地找到你的节点,节省编码的时间。
- 如果你在查找节点时遇到问题,那么你就不太可能始终如一地使用它。
- 在不清晰的节点结构中,你更容易丢失或混淆想法。

以下是构建高效节点结构的一些策略。

- 保持节点名简短和具有相关性。
- 确保某一节点在整个层次结构中只出现一次。
- 尽量不要在节点中组合概念。例如,对"对措施策略持怀疑态度"的文本进行编码,不能在"措施策略""怀疑态度"两个节点中进行编码。
- 记住,你可以以各种组合方式使用和查询收集的编码内容,例如,在节点"怀疑态度"和节点"措施策略"中查找编码的所有内容。
- 如果一个节点与任何其他概念都不相关,请不要将此节点强制保留在某一层次结构中,请将其保留在顶层。
- 根据以往经验,不要把节点层次设置超过3层,并且最高层级的节点不要超过10个。
- 定期修剪节点(合并、重新组织、重命名)。

根据上文提到的节点组织的原则,请参照图6-1和图6-2给出的正确的节点组织方式和错误的节点组织方式进行比较。

图6-1

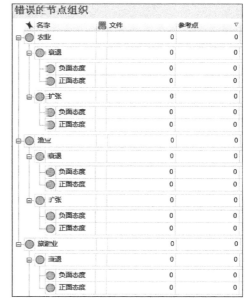

图6-2

此外,在编码和组织节点的过程中,最好建立一个文件夹把所有未进行组织归类的节点全部放在此文件夹内,如"新节点"文件夹,这样便于记住哪些是已经重新组织过的节点,哪些是未进行组织的节点,如图6-3所示。

图 6-3

6.2 重新组织节点

这一节将介绍如何合并、移动节点。首先分析图6-4所示的这些节点，把它们进行归类。"农业""渔业""旅游""房地产发展"可以归类到"经济"节点里，"正面态度""负面态度"可以归类到"态度"节点里，"水质"可以与"环境影响"合并，"社区变化"保持在最高级的节点里。

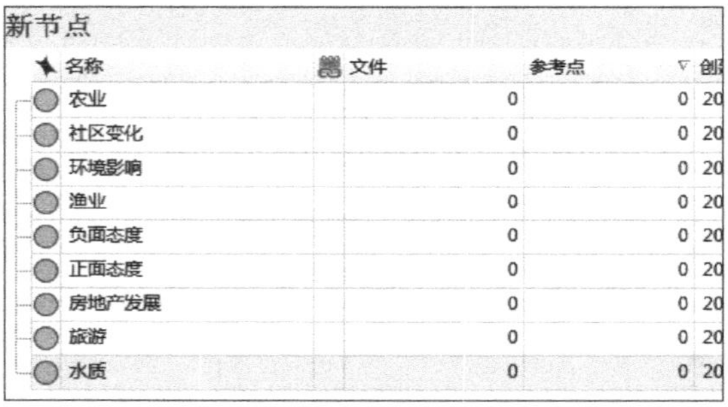

图 6-4

按住Ctrl键的同时单击"农业""渔业""房地产发展""旅游"，把这4个节点拖曳到"环境变化"文件夹内，如图6-5所示。

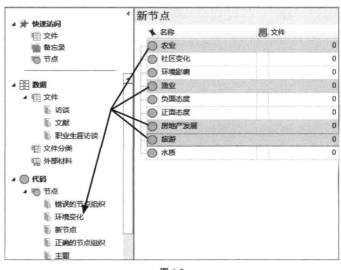

图 6-5

在"环境变化"文件夹内新建节点"经济",具体操作过程如图6-6和图5-7所示。

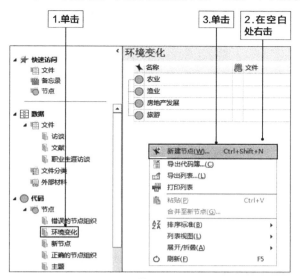

图 6-6

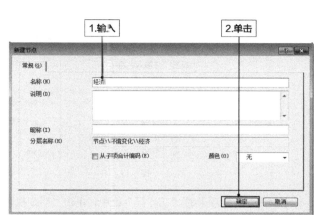

图 6-7

单击"确定"按钮之后,"环境变化"文件夹内多出了一个"经济"节点。按住Ctrl键的同时单击"农业""渔业""房地产发展""旅游",把这4个节点拖曳到"经济"节点内,如图6-8和图6-9所示。

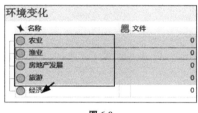

图 6-8

图 6-9

在"新节点"文件夹内,可以把"水质"和"环境影响"合并,操作过程如图6-10至图6-12所示。

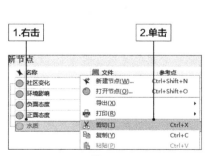

图 6-10

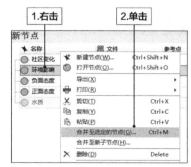

图 6-11

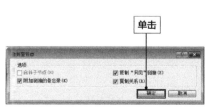

图 6-12

双击合并后的"环境影响"节点,可以对其进行重新命名,如图6-13所示。

在"主页"选项卡的"工作区"组中,可以对节点进行排序,首先单击节点,然后单击"主页"选项卡,如图6-14所示。

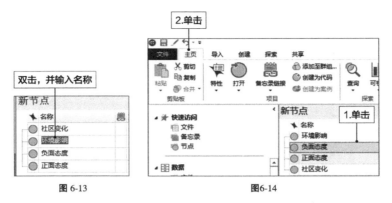

图 6-13　　　　　　　　图6-14

在"主页"选项卡的"工作区"组中,单击"明细视图"可以调整明细视图的显示位置,如图6-15所示。

单击"列表视图"可以调整列表视图的相关显示,如图6-16所示。

单击"排序标准"可以调整排序的相关位置,如图6-17所示。

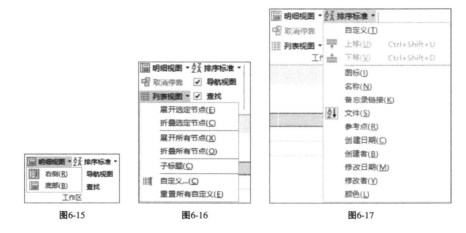

图6-15　　　　图6-16　　　　图6-17

6.3 本章习题

请把书中示例的其他节点重新组织、移动或合并,可参考效果如图。

第7章

查询

———— 内容概括 ————

本章介绍3种基本的查询方法:词频查询、文本搜索和编码查询。查询可以帮助你在项目进行过程中探索数据和验证你对数据的直觉。

7.1 词频查询

使用词频查询能够帮助你列出文件中最常见的单词或概念。你可以使用词频查询来做以下事情。
- 确定可能的主题，特别是在项目的早期阶段。
- 分析特定人群中最常用的词。
- 寻找准确的单词，或者扩大搜索范围以找到最常见的概念。

在进行词频查询之前，请先确保文本内容语言设置为查询的语言，然后再打开需要查询的文本。具体操作如图7-1和图7-2所示。

图 7-1

单词	长度	计数	加权百分比(%)
创造性	3	93	0.59
价值观	3	16	0.10
师范大学	4	13	0.08
越来越	3	13	0.08
会计师	3	12	0.08
研究生	3	12	0.08
大学生	3	11	0.07
进一步	3	9	0.06
人际关系	4	8	0.05
共同体	3	8	0.05
发展观	3	8	0.05
学前教育	4	8	0.05
有利于	3	8	0.05
毕业生	3	8	0.05

图 7-2

"搜索范围"有3个选项："文件和外部材料""选定项""选定的文件夹"。可根据不同的搜索范围选择。本示例选择的是"选定项"，因为我们只需要查找指定的文件。

"显示字词"默认是1000个，表示前1000个出现频率最多的词。可以根据你的需要设置出现词的数量，如100。

"具有最小长度"表示搜索词的长度，如一字词、两字词、三字词等。这里输入3，即三字词。

"分组"是根据词意或字根，把具有相同意思或相同字根的词归于一类进行查询。例如，选择"完全匹配（例如'talk'）"，那查询功能只会把"talk"归于一类；如果选择"留存的字根（例如'talking'）"，则"talk"和"talking"会被归为一类；如果选择"同义词（例如'speak'）"，和"talk"相同意思的"speak"也会被归为一类。

单击"运行查询"按钮后，会出现图7-2所示下方的汇总结果，其中"创造性"是出现频率最高的三字词，共计出现93次，说明受访者的一个核心观点就是"创造性"。

仔细看汇总表，你会发现"越来越"这样的词也被查询出来了，实际上这种词并不需要出现在查询结果里。你可以把它放在停用词列表里，下次查询的时候"越来越"就不会被查询出来。具体操作如图7-3和图7-4所示。

图7-3　　　　　　　　　　　图7-4

再次单击"运行查询"按钮，"越来越"则不再显示，如图7-5所示。

图7-5

如果想要对停用词列表进行编辑，操作过程如图7-6至图7-8所示。

图7-6　　　　　　　　　　　图7-7

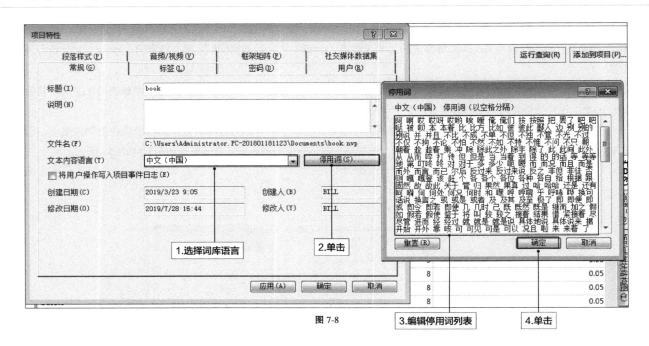

图 7-8

如果要保存本次"词频查询"的结果,请单击"添加到项目"按钮,在弹出的"词频查询"对话框中输入名称,之后单击"确定"按钮。在左侧的导航栏里单击"查询"按钮,在查询列表里,之前建立的"词频查询"就会被显示出来,如图7-9和图7-10所示。

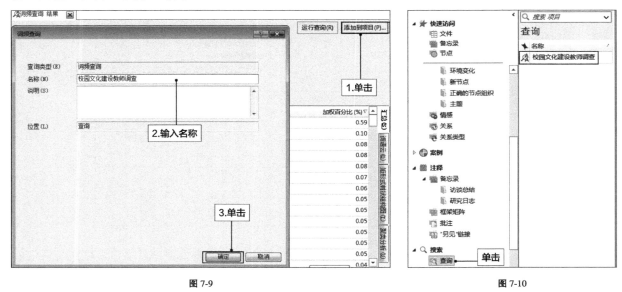

图 7-9　　　　　　　　　　　　　　　　图 7-10

单击右侧的"词语云"选项卡,将以视觉化的方式显示词频汇总,最多显示150条词目。在上方的"词频查询"功能区中可以更改"词语云"的样式,如图7-11所示。"矩形式树状结构图"和"聚类分析"这两个选项卡将在以后的章节中介绍。

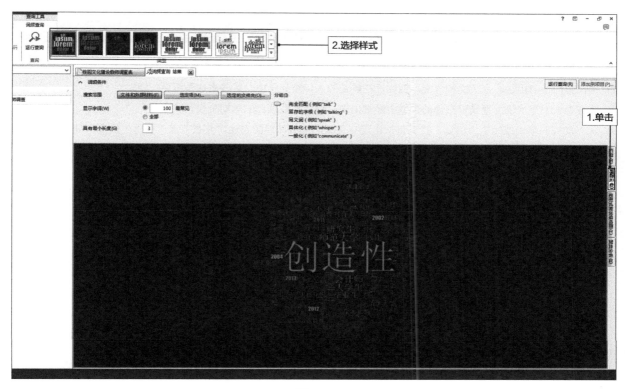

图 7-11

如果你需要把图片插入你的PPT中,右击"词语云"图片,单击"导出词语云"就可以对图片进行导出保存,如图7-12所示。

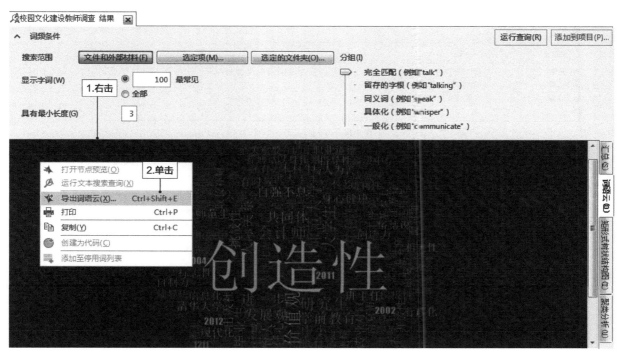

图 7-12

7.2 文本搜索

文本搜索提供在项目中搜索单词或短语的功能。你可以使用文本搜索来做以下事情。
- 探索词语的用法、上下文和含义。例如，在特定的人口统计学中，某些表达是否更广泛？
- 查看一个想法或主题是否在你的数据中经常出现，特别是在项目的早期阶段。
- 自动编码单词或短语。例如，找到每次出现有关太阳能或风能的表述，并在节点"可再生能源"处对它们（及其周围选定的上下文）进行编码。
- 搜索包含相似词的概念。例如，如果搜索"运动"，NVivo可以找到具有类似含义的词，如"娱乐""游戏""乐趣"。

单击"探索"选项卡下的"文本搜索"即可创建文本搜索，如图7-13所示。

图 7-13

需要搜索所有内部和外部的本项目文件时选择"文件和外部材料"，需要搜索指定的文档时选择"选定项"，需要搜索文件夹时选择"选定的文件夹"。本示例是搜索丁茸和李会的访谈文件，所以选择"选定项"。

在进行多个词组搜索时，可以运用"特别"菜单里的选项定义词组之间的关系。具体操作如图7-14所示。

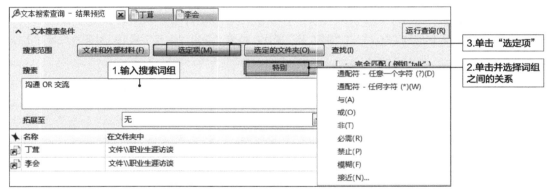

图 7-14

单击"运行查询"按钮后，搜索栏下方会出现搜索结果。两篇文档均包含"沟通"或"交流"，丁茸文档中有3个词，李会文档中有5个词，如图7-15所示。

图 7-15

分别单击"参考点""文本""词树状结构图"选项卡，会以不同的方式显示查找词语相邻区域的文字，如图7-16至图7-18所示。

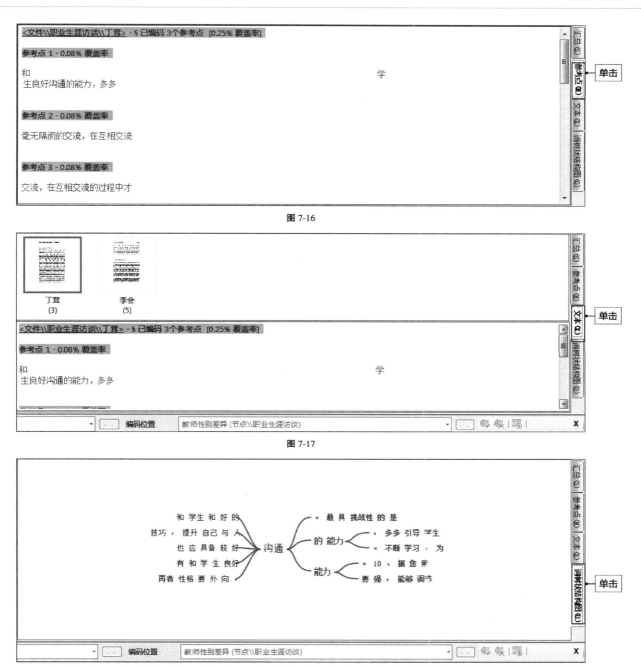

图 7-16

图 7-17

图 7-18

对"词树状结构图"的设置如图7-19所示。若要保存查询，请单击"添加到项目"按钮，然后输入名称和说明（可选）。为了使参考点更有意义，你可以增加显示范围（搜索词周围的编码非列量），即在"拓展至"列表中选择一个选项。如果选择"拓展至"列表中的任何一个选项（除"无"外），则不能单击"词树状结构图"选项卡来查看结束。单击"保存结果"按钮，可以设置存储结果为节点，如图7-20和图7-21所示。

图 7-19

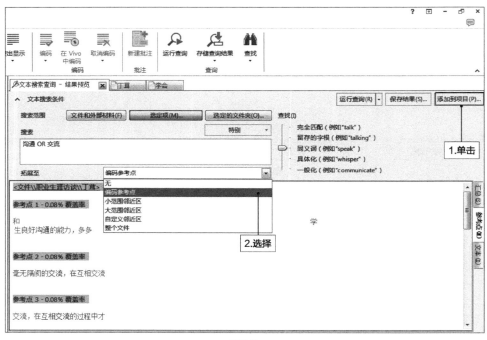

图 7-20

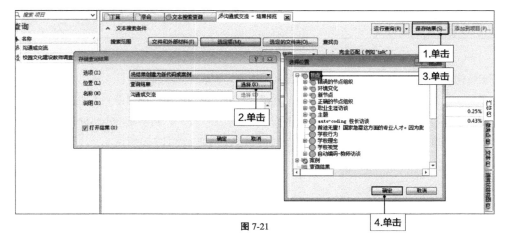

图 7-21

7.3 编码查询

编码查询可以帮助你测试想法、探索模式并查看项目中的主题,以及主题、人员和位置之间的关联。使用编码查询可以做以下事情。

- 收集在组合节点上编码的材料。例如,收集在"态度"和"教师职业"上编码的内容,并探索关联。
- 从具有特定属性值的案例中收集材料。例如,年轻教师对"教师职业"有什么看法?
- 搜索未在特定节点编码的内容。例如,查找在"家庭背景"上编码但未在"从教原因"上编码的内容。

在NVivo中,有多种方法可以检索节点组合,只需选择下拉菜单中的选项即可运行查询。

查询所有选定的代码或案例。例如,查询在A、B和C处编码的所有代码或案例,如图7-22和图7-23所示。

图 7-22

单击"运行查询"按钮后,查询结果会在下方显示。我们可以看到有两段编码("成功与挑战"和"学生管理")是互相重叠的,如图7-23所示。

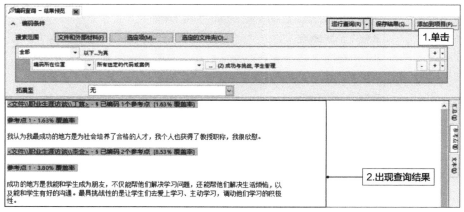

图 7-23

查询任何选定的代码或案例。例如，查询在A或B或C处编码的任何代码或案例。

单击下拉列表中的"任何选定的代码或案例"选项，操作如图7-24所示。

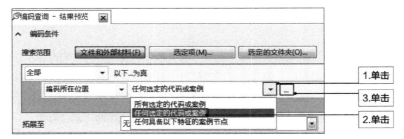

图 7-24

选择节点，如图7-25所示。

图 7-25

单击"运行查询"按钮，并显示结果，如图7-26所示。

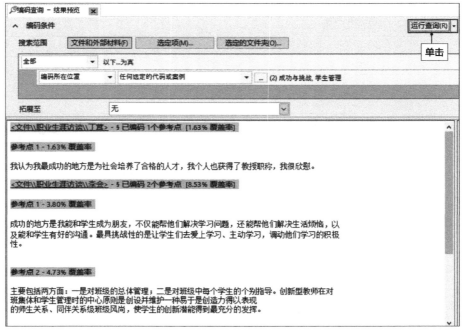

图 7-26

查询任何具备以下特征的案例节点，或限定之前的查询结果。例如，年龄在40~49岁。

单击下拉列表中的"任何具备以下特征的案例节点"选项，如图7-27所示。

图 7-27

选择案例属性，如图7-28和图7-29所示。

图 7-28

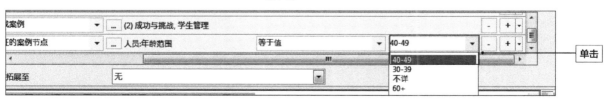

图 7-29

单击"运行查询"按钮，并显示查询结果，如图7-30所示。

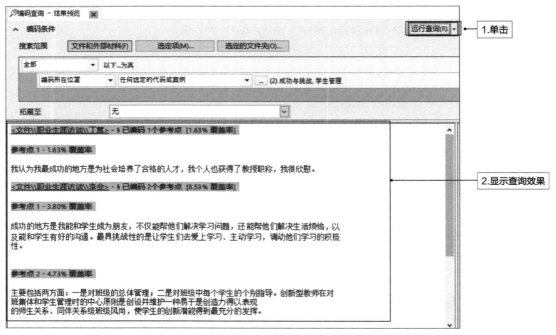

图 7-30

7.4 本章习题

（1）使用示例项目，通过编码查询来查找男教师对"成功与挑战"与"学生管理"重叠的编码。

（2）改变查找内容，找出"房地产开发"和"负面态度"中编码的内容。

（3）在备忘录中记录你对这一内容与"积极态度"的看法。

第 8 章

数据图像化

---内容概括---

本章介绍数据图像化的3种方式：探索示意图、比较示意图和图表。数据图像化支持定性研究的迭代性质，并且可以使你在研究过程的每个阶段获得帮助。

8.1 探索示意图

探索示意图将重点放在单个项目上，显示与该项连接的所有项。探索示意图是动态的，允许前进和后退浏览项目数据，以探索项目之间的连接。

探索示意图从焦点中的选定项目项开始，它的所有关联项都将显示在周围。探索示意图是动态的，你可以选择任何已连接的文件、节点或案例，并将关系图重新聚焦在该项目项上，生成一张显示其所有已连接项的新关系图。

你与图表交互的历史记录会被记录，从而让你能够在项目数据中前进和后退，探索项目之间的连接。

建立探索示意图时要先选中探索的案例，首先单击左侧的案例"人"，然后在右侧列表中单击"丁茸"，再单击"探索"选项卡，单击"探索示意图"按钮，如图8-1所示。

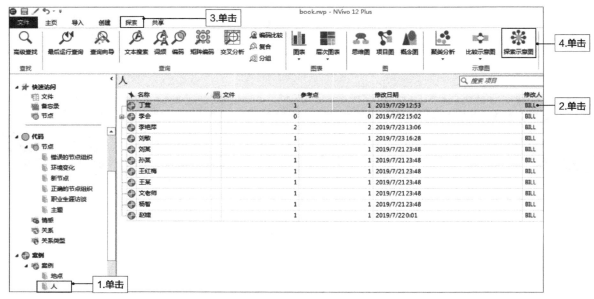

图 8-1

探索示意图结果如图8-2所示。中间的焦点代表的是案例"丁茸"，周围的蓝色圆圈代表的是与"丁茸"有关联的项，上方的红色框内的选项是探索示意图的显示选项。

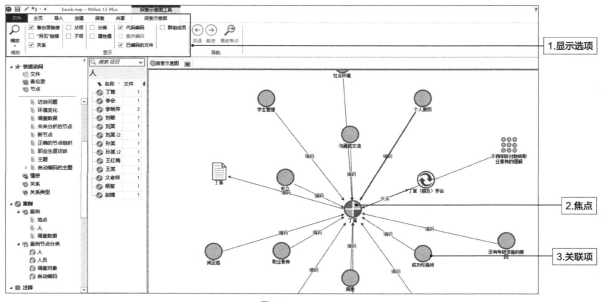

图 8-2

取消勾选"探索示意图"选项卡下的"备忘录链接""关系""代码编码""已编码的文件"4个选项，之后勾选"分类"和"属性值"选项，如图8-3所示。

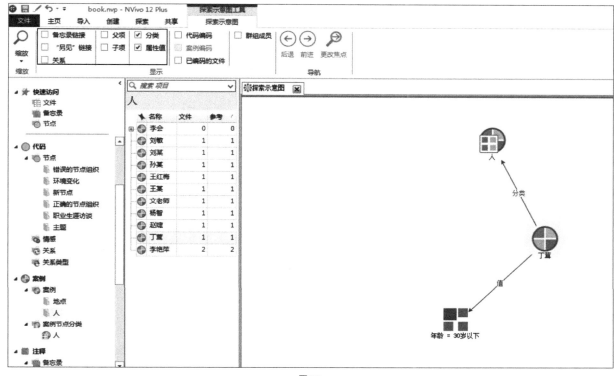

图 8-3

如果想探索与焦点相关的某一关联项，如"职业素养"，那么单击"职业素养"关联项后再单击"更改焦点"按钮即可，如图8-4和图8-5所示。

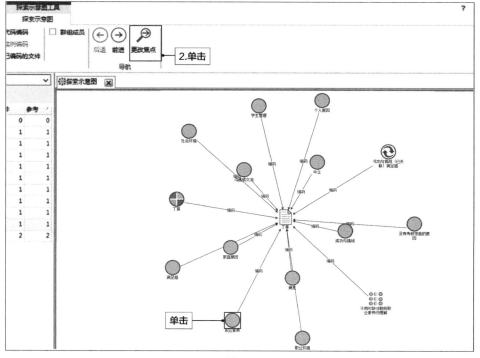

图 8-4

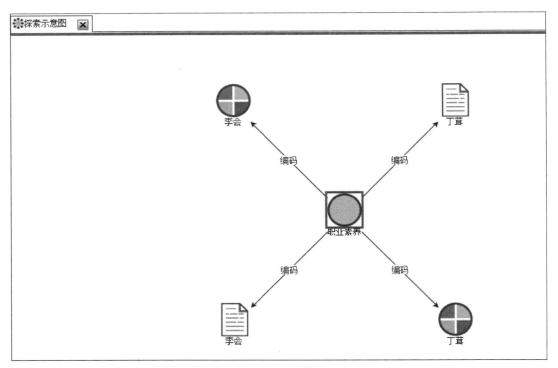

图 8-5

单击"前进"或"后退"按钮可以查看历史操作。右击"探索示意图"的空白处,在弹出的菜单中单击"导出示意图"即可导出探索示意图,如图8-6所示。探索示意图不能存储在项目中,只能导出。

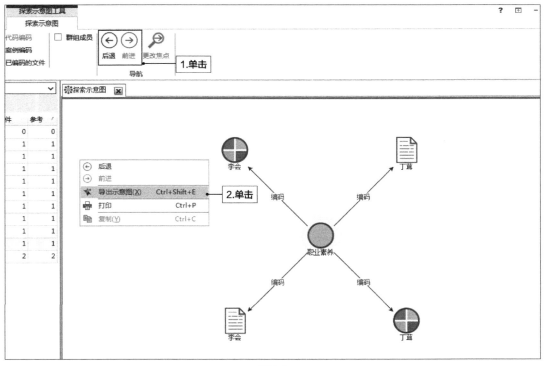

图 8-6

8.2 比较示意图

比较示意图可以显示两个项目的共同点和不同之处。它可以生成比较图来比较两个相同类型的项目内容，如文件、节点、案例等，以查看它们的相似性和差异。

单击"探索"选项卡，单击"比较示意图"，在下拉菜单中选择要比较的内容，可以选择"比较文件""比较节点""比较案例"，本示例单击"比较案例"，如图8-7所示。

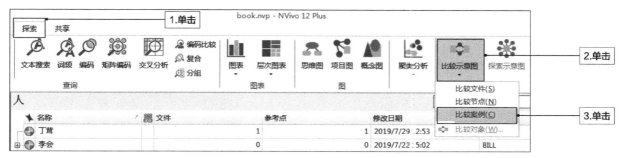

图 8-7

选择要比较的案例，注意比较示意图只能选择两项进行比较，如图8-8所示。

图 8-8

左列显示的是丁茸的关联节点，右列显示的是李会的关联节点，中间是两者共同关联的节点，如图8-9所示。

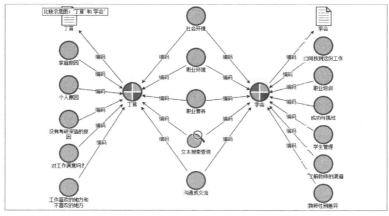

图 8-9

8.3 图表

图表的作用是展示或探索项目中的编码。图表可以帮助你回答问题,例如,某人访谈中的主题是什么,或者在我的项目中,编码是如何在不同的节点中分布的。建立图表的过程如下。

单击"探索"选项卡"图表"组中的"图表",弹出"图表向导"对话框,按照提示进行选择,如图8-10至图8-12所示。

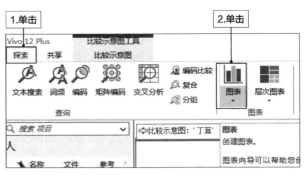

图 8-10

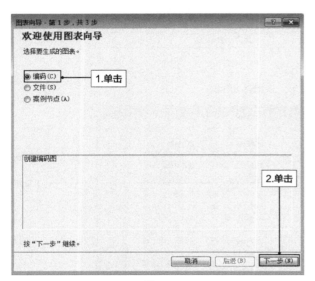

图 8-11

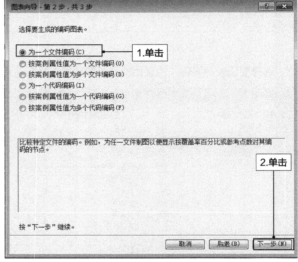

图 8-12

单击"选择"按钮,在弹出的"选择项目项"对话框中单击某个案例,本示例选择的是"丁苢",最后单击"确定"按钮,如图8-13所示。

图 8-13

"X轴"显示的是前20个编码最多的节点,显示节点的多少可以进行设置,通常保持默认设置,单击"完成"按钮,如图8-14所示。

生成的图表展示了访谈的不同主题以及这些主题是如何分布的,如图8-15所示。

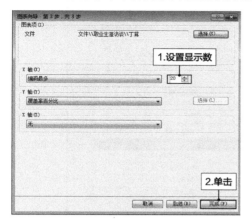

图8-14

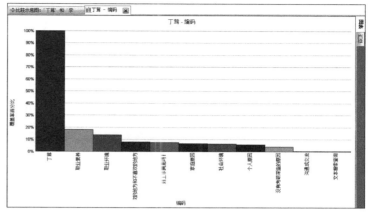

图8-15

单击"汇总"选项卡可显示用于生成图表的数据值,如图8-16所示。

编码	覆盖率百分比
案例\\人\\丁茸	100.00%
查询结果\\文本搜索查询	0.25%
节点\\沟通或交流	0.25%
节点\\职业生涯访谈\\从事教师的原因\个人原因	5.81%
节点\\职业生涯访谈\\从事教师的原因\家庭原因	6.88%
节点\\职业生涯访谈\\对工作满意吗？	7.70%
节点\\职业生涯访谈\\工作喜欢的地方和不喜欢的地方	7.99%
节点\\职业生涯访谈\\教师现状\社会环境	6.59%
节点\\职业生涯访谈\\教师现状\职业环境	13.88%
节点\\职业生涯访谈\\没有考研深造的原因	3.91%
节点\\职业生涯访谈\\职业素养	18.08%

图8-16

建立3个维度的图表,具体步骤如图8-17至图8-24所示。首先单击"图表"按钮,在弹出的"图表向导"对话框中选择"案例节点"单选按钮,然后单击"下一步"按钮,如图8-17所示。

单击"按两个属性的属性值划分案例节点"选项,继续单击"下一步"按钮,如图8-18所示。

图8-17

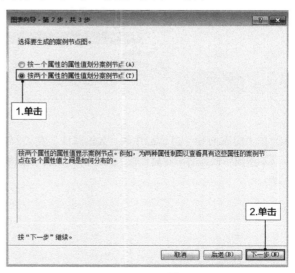

图8-18

分别单击"图表项"选项组中的"X轴属性"和"Z轴属性"后的"选择"按钮,在"选择项目项"对话框中分别单击"性别"和"学历",最后单击"确定"按钮,如图8-19和图8-20所示。

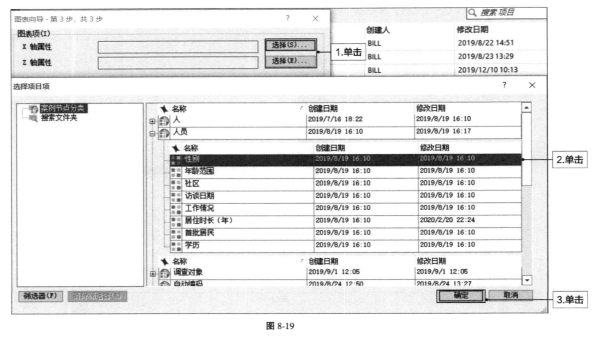

图 8-19

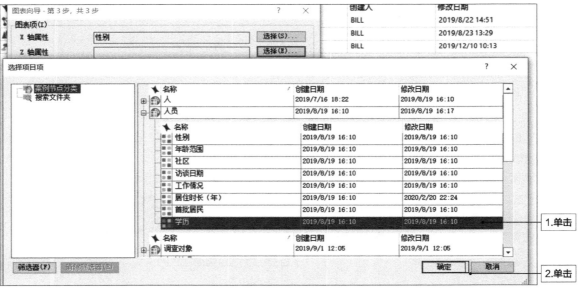

图 8-20

继续在"图表向导"对话框中将"X轴属性"和"Z轴属性"下拉列表中的"所有属性值"改为"除'未分配'、'不适用'以外的所有属性值",单击"完成"按钮完成设置,如图8-21和图8-22所示。生成的图表效果如图8-23所示。

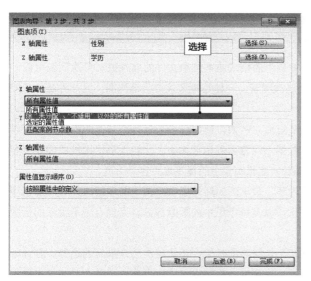
图 8-21

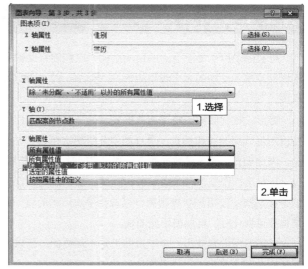
图 8-22

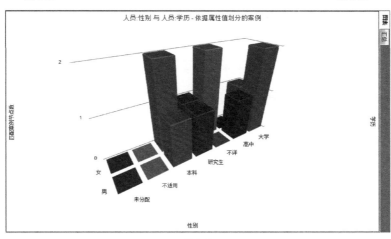
图 8-23

图表生成后,单击"数据数据"按钮,可以在弹出的"图表选项"对话框中更改图表的属性,如图8-24所示。

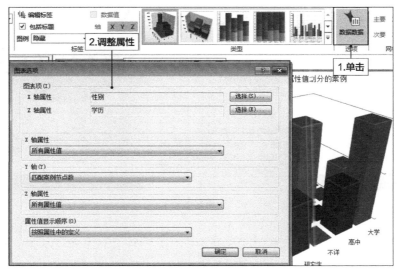
图 8-24

8.4 层次图表

层次图表用于显示节点的层次结构，它能够帮助你查看编码中的模式或案例和文件的属性值。层次图表可以一次性显示层次结构的多个级别的数据。NVivo 12 提供了两种层次图表，一种是矩形式树状结构图，另一种是环状层次图。

矩形式树状结构图将层次数据显示为一组大小不同的嵌套矩形。例如，使用大小表示每个节点的编码量。可以使用矩形式树状结构图在一个视图中分析层次结构，并比较数据不同方面的相对大小。比较矩形比比较曲线段更容易，因此当想比较大量数据并充分利用空间时，可以使用此图表。这张图表上的标签也更容易阅读。

环状层次图是一种放射状的树状图。层次结构级别显示为环，最里面的环是层次结构中的顶层，外环表示里环的子级层次。使用环状层次图可以看到层次结构的每一个层次，以及每个组中的贡献部分。当你有一个很深的层次结构要可视化时，可以使用此图表。

把环形图内容放进一个矩形图里是不可能的，所以当空间不是问题的时候，环状层次图是最好的选择。打开细节视图并放大窗口可以查看层次结构的完整图片和每个级别的不同深度。你可以将注意力集中到单个段或突出显示特定节点。

建立层次图表首先全选建立的节点，然后右击全选的节点，在弹出的菜单中单击"可视化"，再单击"节点层次图表"，如图8-25所示。

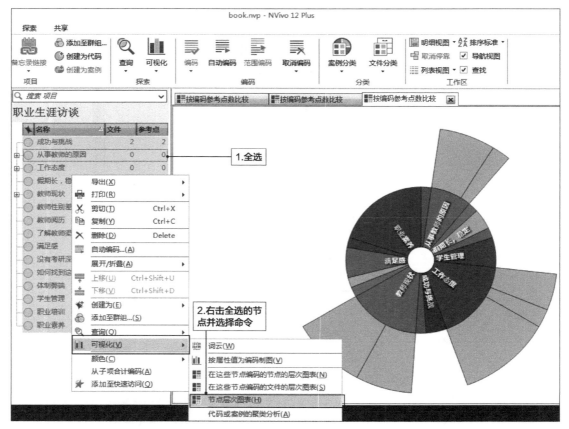

图 8-25

单击"类型"组中的选项切换图表类型为矩形式树状结构图或环状层次图,单击"大小条件"组里的"编码参考点"可显示参考点数量,单击"已编码项"可显示编码项数量,如图8-26所示。

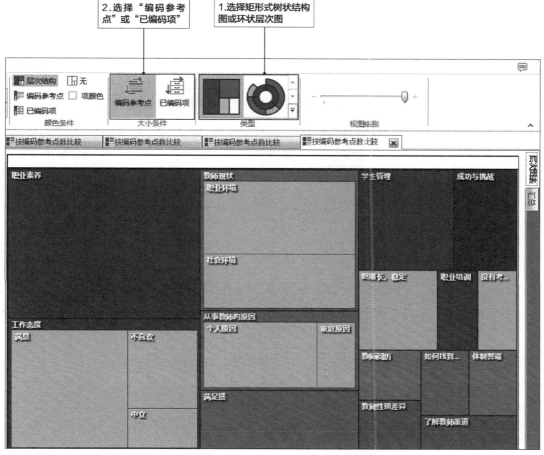

图 8-26

层次图表使用大小来表达含义,使用颜色来区分其他信息。这意味着你可以利用图表中项目的大小,按规范的度量进行比较,然后为项目分配颜色,按同一图表中的第二个度量进行比较。

默认情况下,层次图表按编码的项比较大小,并配色给不同的层次结构。使用"大小条件"和"颜色条件"选项可更改数据在图表上的显示方式。

• 使用默认设置,层次图表将按层次结构着色,并按编码引用生成大小。这意味着层次结构中的每个不同父节点都被指定了不同的颜色,子节点和孙节点是父节点颜色的较浅色调。这些项将按编码的项目数生成大小。这种组合使得区分层次结构的分支变得非常容易,如图8-26所示。

• 使用颜色和大小显示相同的信息,例子的大小和颜色都取决于编码引用的数量。"职业素养"拥有最多的编码参考,因此它是最大的区域,颜色最深。"教师现状"的区域较小,颜色较浅,因为它有较少的编码参考。这种组合使用颜色和大小来强调你想要展示的信息,如图8-27所示。

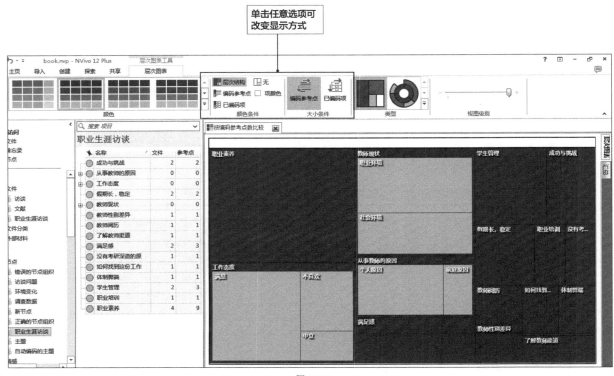

图 8-27

单击环状层次图，显示颜色和大小相同的信息，如图8-28所示。

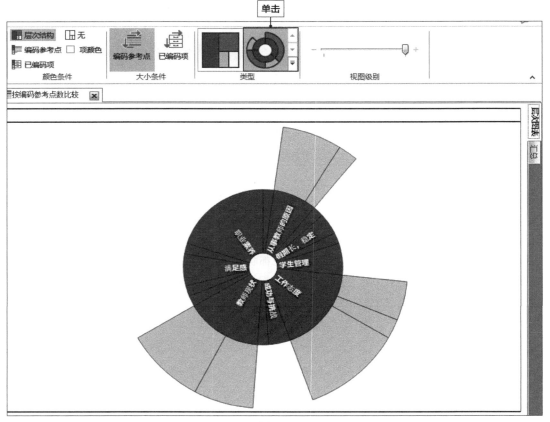

图 8-28

- 使用颜色和大小来传达不同的信息，例子将通过编码引用来配色，并通过编码项来生成大小。"自然环境"编码引用的文件最多，所以它占据最大的面积；但"经济"有最深的颜色，因为它有最多的编码点。这种组合产生了一种丰富的可视化信息，使用同一个图表来传达关于项目数据的两个不同方面的信息，如图8-29所示。

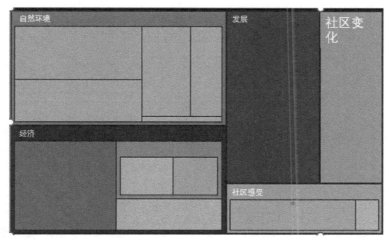

图 8-29

层次图表将数据表示为聚合数据。即使尚未启用节点聚合，具有子节点的任何节点都将在层次图表上表示为父节点（包括其子节点）。

将鼠标指针悬停在图表的某个区域上时，屏幕提示将显示该项的信息，开指定编码的项数和与父节点直接相关的编码引用数，以及父节点加子节点的聚合图。

层次图表根据节点是否有子节点来生成节点的大小，因此包含子节点的任何节点都可能显示为大于其实际编码。利用屏幕提示信息可以了解区域的基础数据，如图8-30所示。

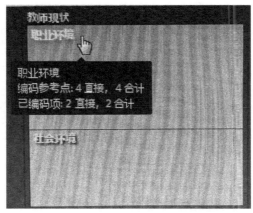

图 8-30

8.5 本章习题

（1）使用"探索示意图"在示例项目或你自己的项目中探索其他编码。
（2）使用"比较示意图"来探索项目或示例项目中两个文件的编码。
（3）使用示例项目或自己的项目数据建立两个维度和3个维度的图表。
（4）使用示例项目或自己的项目数据建立层次图表。

第9章

非文本数据编码

内容概括

在第5章中,你学习了文本数据编码。此外,NVivo还可以分析图像、转录和编码音频与视频文件、集成对固定的开放式问卷答复的分析、使用书目数据以及导入和编码的Web内容(包括来自社交媒体网站的元数据)。本书不涵盖所有这些数据类型,但所有这些数据类型都可以作为数据文件导入和编码,你可以在"帮助"中找到每种数据类型的详细说明。

对于所有这些数据类型,编码的基本原理都是相同的:从选择开始,无论是文本段落、图片区域还是视频片段,当你打开节点时,你都能在相同的表单中找到内容。

9.1 图片编码

1. 把图片编码至案例

单击"导入"选项卡,单击"文件"选项,选择要导入的文件,单击"打开"按钮。在弹出的"导入文件"对话框中单击"导入"按钮,如图9-1至图9-3所示。

图 9-1

图 9-3

图 9-2

弹出"图片 特性"对话框,在"名称"输入框中输入图片的名称,单击"确定"按钮,如图9-4所示。

回到主界面,在"图片"选项卡下面单击"缩放"可以对图片进行放大和缩小,如图9-5所示。

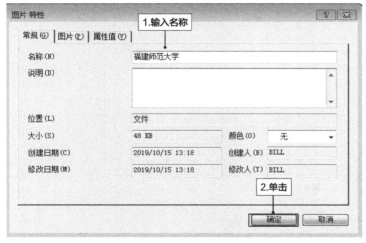

图 9-4

图 9-5

右击图片名称"福建师范大学",在弹出的菜单中单击"编码",弹出"选择编码项"对话框,单击选择"人"文件夹下的"李会",然后单击"确定"按钮,如图9-6和图9-7所示。

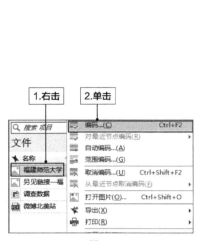
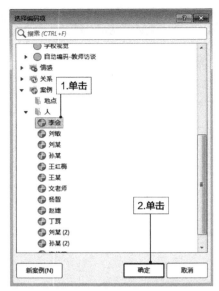

图 9-6　　　　　　　　　　　图 9-7

编码参考点显示的是图片的坐标范围，如图9-8所示。

图 9-8

2. 对图片的特定区域编码

在图片上选择特定区域，按住鼠标左键并拖曳以选择编码区域，如图9-9所示。

右击编码区域，在弹出的菜单中单击"编码"，如图9-10所示。图片编码操作与文本编码操作相同，这里只列出了第一步的操作，其他步骤省略。

第9章 非文本数据编码

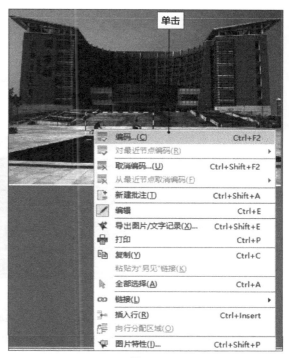

图 9-9　　　　　　　　　　　　　　　图 9-10

如果要对图片日志进行编辑，可以单击"编辑"选项卡，按住鼠标左键并拖曳，选择编码区域，然后单击"插入行"命令，即可在出现的内容表格中输入文字，如图9-11和图9-12所示。

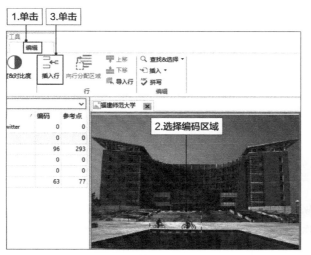

图 9-11　　　　　　　　　　　　　　　图 9-12

9.2 音视频编码

你可以将音频和视频文件导入NVivo中，并对时间范围或转录文本进行编码和注释。视频和音频文件由媒体文件本身以及可选择的"转录文本"组成。转录文本可以是你所说的话、笔记的抄本，也可以是两者的结合。转录表格中包含媒体文件的时间范围和内容。你可以导入机器识别的转录文本或在NVivo中创建转录文本。

注意
NVivo转录是集成到NVivo中的自动化在线转录收费服务，它能够提供准确、实时的转录文本，并直接发送到程序中。

打开的视频文件可分为3个部分，音频时间线、视频和转录文本，如图9-13所示（如打开音频文件，不显示视频部分）。

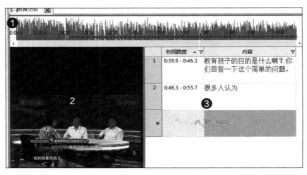

图 9-13

① 音频时间线。文件音频的时间线。在此处选择要编码或批注的时间范围。
② 视频。仅作用于视频文件，显示与上述音频时间线同步的视频。
③ 转录文本。与媒体文件关联的转录文本，以带时间戳的行显示。你可以在这里编辑文本和编码并对其进行注释。

NVivo支持导入的音视频格式如下。

音频：

- MPEG-1 Audio Layer 3 format (mp3)；
- MPEG-4 audio format (m4a)；
- Microsoft Windows Media formats (wma, wav)。

视频：

- MPEG formats (mpg, mpeg, mpe, mp4)；
- Windows Media formats (avi, wmv)；
- QuickTime formats (mov, qt)；
- 3G Mobile Phone format (3gp)；
- AVCHD High Definition Video formats (mts, m2ts)。

NVivo依靠第三方编解码器软件对媒体文件进行编解码。如果你的计算机上没有安装合适的编解码器，你将无法导入某些文件，即使它们的格式受支持。在这种情况下，你需要安装一个合适的编解码器包。建议使用k-lite basic。

在"导入"选项卡上的"数据"组中单击"文件"，如图9-14所示。

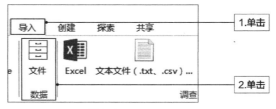

图 9-14

浏览并选择要导入的文件，导入过程如图9-15至图9-17所示。

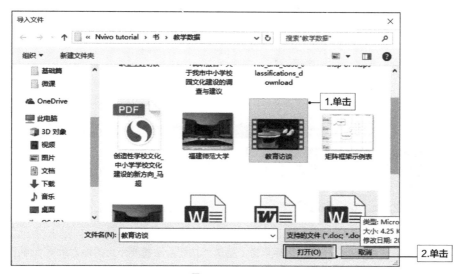

图 9-15

图 9-16　　　　　　　　　　　　图 9-17

回到软件页面左边导航栏内的"文件"目录下，打开已导入的音视频，如图9-18所示。

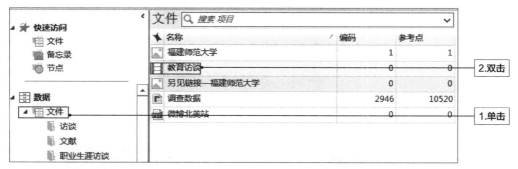

图 9-18

默认情况下视频编辑功能是被锁住的，需要单击进度条上方的"单击编辑"才能进行誊写，如图9-19所示。

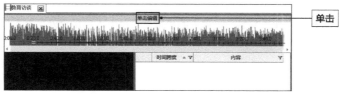

图 9-19

单击"播放"按钮,查看整个视频,如图9-20所示。

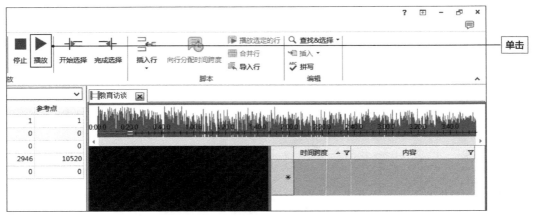

图 9-20

如果要进行誊写,先单击"誊写"按钮,之后单击"播放"按钮,在想要停止的地方单击"停止"按钮,NVivo会自动生成刚才播放视频的时间跨度,最后在内容栏里输入说话者的内容,如图9-21所示。

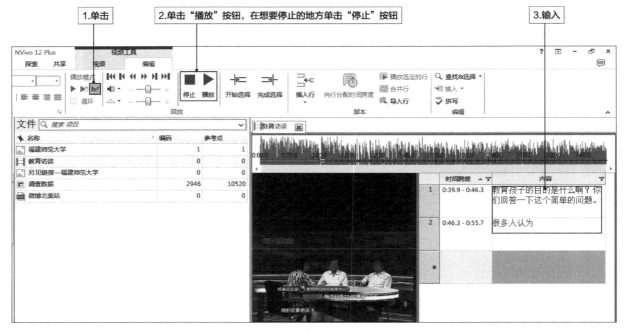

图 9-21

9.3 外部材料处理

外部材料指通常不能导入项目中的文件,如书籍和电影。您可以对外部材料进行总结或描述。例如总结书中的章节,或者描述电影中的场景。然后可以对该内容进行编码或批注。

选择导航栏中的"外部材料",在"创建"选项卡的"数据"组中,单击"外部材料",如图9-22所示。

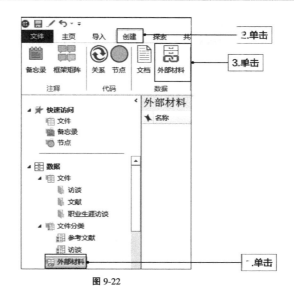

图 9-22

打开"新建外部材料"对话框,在"常规"选项卡的"名称"项目后输入外部材料的名称,在"说明"项目后输入外部材料的说明(可选),如图9-23所示。

单击"外部材料"选项卡,在"类型"下拉列表中选择"文件链接",如选择"其他",则表示外部材料的类型是无法通过电子方式访问的项目类型(如书籍或纸质文件),然后在"位置说明"栏中指定项目的物理位置,如图9-24所示。

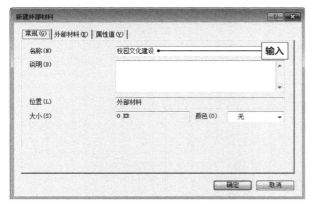

图 9-23 图 9-24

单击"文件路径"右侧的"浏览"按钮,选择文件并单击"打开"按钮,如图9-25和图9-26所示。

图 9-25

图 9-26

在"内容"下拉列表中选择要使用的材料类型，然后选择用于组织内容的"单元"为"页"，输入单元的起始范围，最后单击"确定"按钮，如图9-27至图9-29所示。

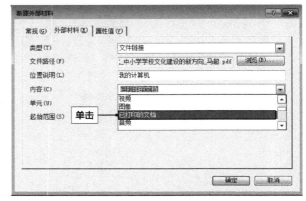

图 9-27

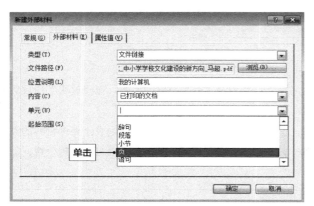

图 9-28

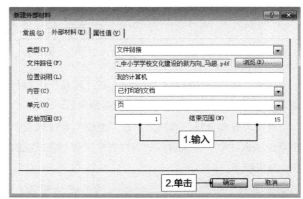

图 9-29

外部材料关联后，打开外部文件进行总结或描述，如图9-30至图9-32所示。

图 9-30

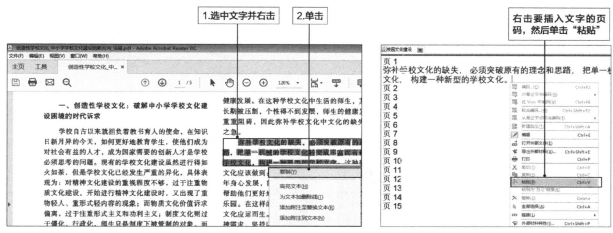

图 9-31　　　　　　　　　　　　　　图 9-32

9.4　本章习题

（1）试着导入一张图片并对其进行编码。

（2）导入一个视频或音频，并对其进行誊写。

（3）你认为什么样的文档可以导入 NVivo 作为内部材料，什么样的文档适合链接到外部材料？如果你有项目数据，请试着建立项目的外部材料。

第10章

调查数据分析

---内容概括---

本章介绍如何为NVivo准备调查数据。数据集包含按行和按列排列的结构化数据。数据集是通过导入数据创建的,它不能在NVivo中编辑。

10.1 调查数据的格式及设置

以下数据格式的文件可以导入NVivo中。
- Excel文件.xls或.xlsx。
- .csv文件。
- Survey Monkey（问卷调查软件）。
- Qualtrics（问卷调查软件）。

在导入调查数据文件之前，需要注意以下几点，如图10-1所示。
- 确保表格的第一行（或前两行）包含列或字段名（如ID、性别、问题1等）。
- 确保有一列包含唯一标识符（如每个调查受访者的ID号）。将此列放在第一位是有帮助的，但不是必需的。
- 问题在第1行（或第1行和第2行）的列标题中，并确保它们简短。如果你希望它们在NVivo中以特定的顺序出现，请将它们编号为01、02等。否则，该顺序将是NVivo中的字母数字。
- 确保封闭式问题的答案简短。
- 如果某些封闭式问题没有答案，请将单元格标注为"空"。
- 调查必须至少有一个开放式问题。

图 10-1

10.2 导入调查数据

如果要从Excel导入调查数据，请确保已先在Excel中关闭该文件。如果从Survey Monkey或Qualtrics导入，你将可以从NVivo直接访问它们的账户。如果通过大学或组织访问Qualtrics，则需要请求该大学或组织的API令牌。（本书不会介绍Survey Monkey或Qualtrics的使用方法，因为这两个软件都是国外流行的付费网站，而且你必须有账号才能使用这两个调查软件。）

"调查导入向导"将检查要导入的数据,并帮助你确保以你所需的方式导入数据。

在"导入"选项卡上的"调查"组中单击"Excel"或"文本文件",如图10-2所示。

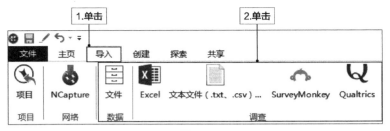

图 10-2

按照"调查导入向导"操作,它不仅会导入你的调查数据,而且会将数据进行设置。如果你使用的是NVivo Plus,还可以选择自动编码主题和情感,但需要检查和完善自动编码的材料,如图10-3所示。

接下来,在下拉列表框中指定问题标题使用了一行还是两行。如果使用了日期,请指定使用的日期格式,并选择要导入的工作表,如图10-4所示。

图 10-3

图 10-4

在下一步中,指出你希望在何处存储调查案例。如果不需要默认值,请单击"更改位置"按钮。在下拉列表框中,指示电子表格中哪一列具有回答者身份序列。如果尚未创建分类,请选择"创建新分类"并为其命名。如果已经创建了分类,请选择"添加至现有分类"并导航到相应的分类,如图10-5所示。

最后,你可以指出任何不想导入的问题。NVivo会计算问题是开放式还是封闭式,该计算基于答案中的字符数。例如,如果每个人都用两个或3个单词回答了开放式问题,NVivo将计算出它是封闭式问题。但你需要检查计算是否正确。如果不正确,单击相应的单选按钮。如果你无法判断问题是开放式还是封闭式,你可以单击箭头按钮查看不同受访者的答案。此外,你还可以在对话框中编辑问题本身,如图10-6所示。

第10章 调查数据分析

图 10-5

图 10-6

你的调查数据现在已导入NVivo中准备进行分析。如果你使用的是Plus版本，则在对话框中还有一个步骤，检查完所有内容后，单击"完成"按钮，如图10-7所示。

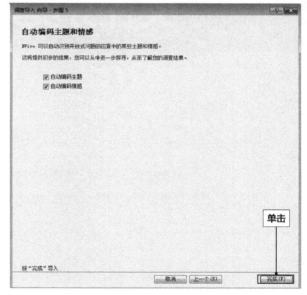

图 10-7

在Plus版本里，你还可以选择自动编码主题和情感。对于调查数据，不建议为主题自动编码，因为该工具将在所有开放式问题中查找名词短语，因此它不会非常有用。如果要对主题进行自动编码，最好不要在导入向导中进行，而是在导入调查数据后进行。然后，你可以逐个选择编码的开放式问题，并为主题自动编写每个问题的代码。这样编码会更精确，但你仍然需要将其视为数据的初步筛选，并且以后需要对其进行优化。

但是，你可以在此导入向导中对情感进行自动编码，因为它不受调查数据中存在的几个开放式问题的影响。但是你仍然应该把它作为数据的初步筛选，并检查每个情感节点的文本是如何编码的。

10.3 本章习题

将示例数据或自己的调查数据导入NVivo中。

第11章

文件分类与案例分类

---内容概括---

分类提供了一种记录项目中有关文件和案例的描述性信息的方法。使用此信息可以进行比较或按属性收集材料。

11.1 文件分类与案例分类的区别

在第3章中介绍了"案例分类"。"案例分类"与案例相关联,这些案例代表分析单位或观察单位,如人员、地点或组织。每个分类都与一个特定的观察单元相关联,并收集了与该特定单元相关的属性(变量)。对于教师来说,这可能是性别、年龄和经验年限;对于学校来说,可能是学生人数、规模和地点。

"文件分类"直接链接到数据文件。如果在NVivo中进行文献阅读,可以对文献具有的属性(变量)进行分类,如发布日期、作者和发布类型。对于访谈研究,文件分类可能包括访谈日期、地点和被访谈人等属性。

某些项目可能同时拥有两种类型的分类,或者只有一种,也可能两者都没有。这取决于你的数据和你研究的设计。

两种分类的区别如表11-1和表11-2所示。

表11-1 案例分类

分类	变量	变量值
人	性别	女性,男性
	年龄	20,20~29,30~39,任何数值或区间
	职业	教师,学生,行政
组织	地点	中国,美国,英国
	员工数量	低于50,50~100,101~200,任何数值或区间
	组织性质	学校,政府,非营利机构
社区	人口	任何数值或区间(低于10 000,10 000~20 000)
	社区类型	市中心,郊区,农村

表11-2 文件分类

分类	变量	变量值
访谈	访谈人	李辉,刘荣
	访谈时间	任何时间
	访谈类型	面谈,电话,在线
新文章	报纸	教育报,环境报
	文章日期	任何日期
文献	文献类型	科技学报,书,网络媒体
	发表日期	任何时间
	作者	作者名字

11.2 建立文件分类

在导航栏中单击"文件分类"时,你将看到项目中可用的分类。如果没有,可以建立"文件分类",在"创建"选项卡上的"分类"组中单击"文件分类",弹出"新建分类"对话框,输入名称后单击"确定"按钮,如图11-1所示。

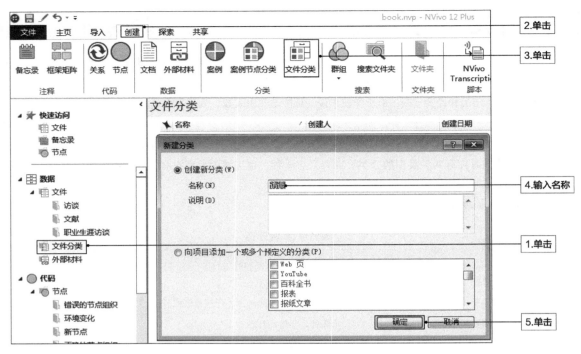

图 11-1

文件分类建立后需要对其属性进行设置,右击新建的文件分类"访谈",在弹出的菜单中单击"新建属性",如图11-2所示。

图 11-2

弹出"新建属性"对话框,在"常规"选项卡中输入属性的名称"采访人",在"值"选项卡中单击"添加"按钮,添加值,最后单击"确定"按钮,如图11-3和图11-4所示。

第11章 文件分类与案例分类

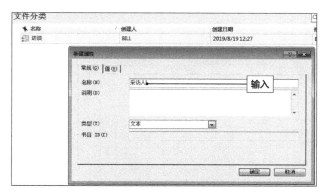

图 11-3

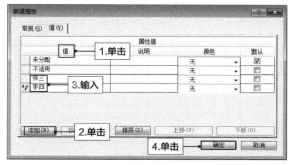

图 11-4

新建另一个属性,设置名称为"采访日期","类型"选择为"日期",如图11-5和图11-16所示。

图 11-5

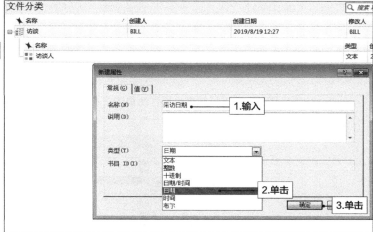

图 11-6

单击"职业生涯访谈"文件夹,然后全选被访谈人并右击选中的访谈人,在弹出的菜单中单击"分类",再单击"访谈",如图11-7所示。

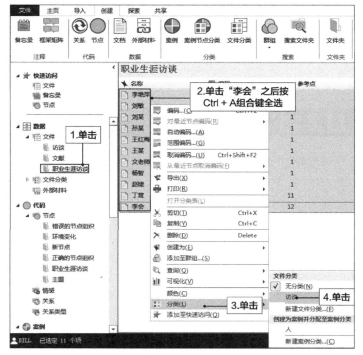

图 11-7

批量添加属性，如图11-8所示。

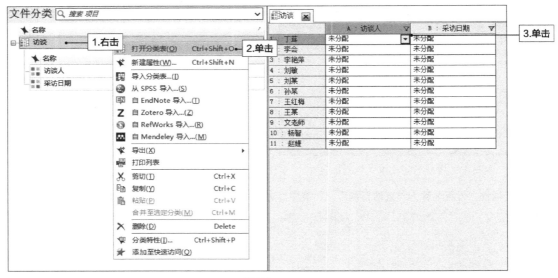

图 11-8

在"访谈人"栏目下的下拉列表中选择访谈人，在"采访日期"栏目下输入日期，如图11-9所示。

图 11-9

11.3 本章习题

请为案例中的其他文献或自己的数据建立文件分类。

第12章

导入多变量案例分类表格

内容概括

如果你的研究只有几个属性（变量），那么很容易创建它们并将它们的值直接分配给NVivo中的案例。但是，如果你的研究有大量的属性，那么在Excel电子表格中准备数据并将其导入NVivo中可能会更容易。你需要先将该文件保存在MS Excel中，并关闭该文件，然后才能导入该文件。注意：如果你在SPSS文件中有此数据，则无须将其下载到Excel，SPSS文件可以作为分类表直接导入。对于MS Access或其他数据库，需要先将数据表保存到文本文件中。

12.1 导入分类表格文件

你可能已经在NVivo之外的文件中收集了有关案例的一些信息。如果数据以下列格式之一保存,则可以将其导入为"分类表格文件"。

- 结构化文本文件(.txt)。
- Excel电子表格(.xls)。
- IBM SPSS统计数据文件(.sav)。

在"导入"选项卡上的"分类"组中单击"导入分类表",在弹出的导入向导界面中单击"浏览"按钮,如图12-1所示。

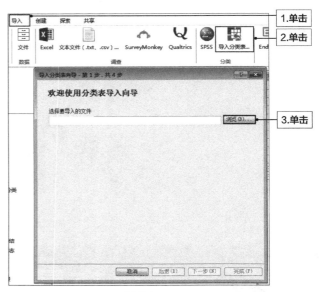

图 12-1

单击要导入的文件,单击"打开"按钮,通过"导入分类表向导"对话框进行导入,如图12-2和图12-3所示。

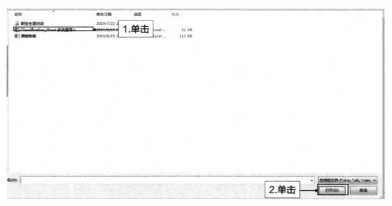

图 12-2

图 12-3

进入第2步,在"分类类型"的下拉列表中选择"案例节点分类",注意这里导入的文件是案例分类变量,不是文件分类变量,单击"下一步"按钮,如图12-4所示。

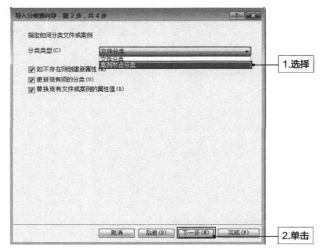

图 12-4

在第3步中选择要导入到哪个案例分类下，本示例选择要导入到的案例分类是"人"，具体方法如图12-5和图12-6所示。

单击"完成"按钮，导入分类表格，如图12-7所示。导入后的分类变量表格会在软件中打开，如图12-8所示。

图 12-5

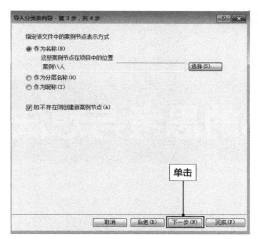

图 12-6

图 12-7

图 12-8

12.2 本章习题

导入示例Excel数据文件。

第13章

在NVivo中记录你的思考与想法

―――― 内容概括 ――――

在第2章和第4章中讨论了两种用于编写和思考数据的工具：备忘录和批注。本章继续学习另外两种方法：说明和"另见"链接。这些自我反思和迭代式的写作和思考方式是分析数据和发现结果的重要部分。

13.1 说明

"说明"是项目中节点、数据文件和其他项的属性。请记住，在开发编码方案时，节点说明尤为重要。如果节点缺少说明，需右击某个节点，然后单击"节点特性"以添加说明，或修改现有说明。

如果你的节点缺少说明，请右击该节点，然后转到节点属性来添加说明，或者修改现有的说明。轻松查看所有节点说明的步骤为：首先，单击节点列表视图中的某个位置，在"开始"选项卡中打开"列表视图"下拉菜单并单击"自定义"，在打开的对话框中，单击左侧窗口中的"说明"；然后单击中间的箭头将其移到右侧窗口中，你可能希望使用向上或向下箭头移动描述栏到节点名称旁边；最后单击"确定"按钮。

13.2 "另见"链接

"另见"链接允许将所选项目内容链接到一个新的或现有的项目内容，或者将项目内容链接到其他项目内容。

使用"另见"链接可以实现下列这些事情。

- 将"备忘录"中的一些分析与访谈中的一段或多段段落联系起来，这些段落能很好地证明你的观察结果。"另见"链接一个的特别好处是支持打印或导出到Word中，并将内容显示在"脚注"中。
- 指出一个文件和另一个文件或特定文件中的矛盾。
- 显示事件序列。

打开一个访谈笔录，当对某个词语或一段话感兴趣时，例如被访谈人说到从事幼儿教师需要有敏感性，若不清楚敏感性具体代表什么，你可以对该表达建立"另见"链接，记录你的想法。单击"创建"选项卡下的"备忘录"，在弹出的"新建备忘录"对话框中输入名称，单击"确定"按钮，如图13-1所示。

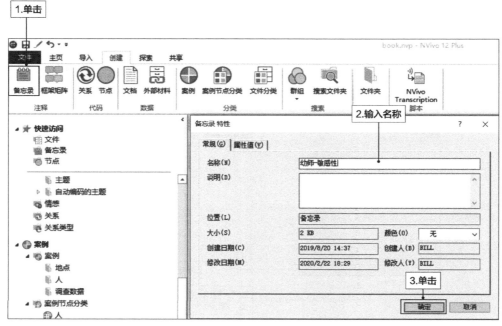

图 13-1

在新增加的备忘录"幼师-敏感性"输入框内输入日期和时间(可按Ctrl+Shift+T组合键快速插入日期和时间)和你的想法,如图13-2所示。

图 13-2

输入完文字后,单击回到访谈笔录页面,选择要添加"另见"链接的文字,右击该文字,在弹出的菜单中单击"复制"命令,如图13-3所示。

图 13-3

选中要进行链接的文字,右击选中的文字,在弹出的菜单中单击"粘贴为'另见'链接"命令,操作界面底端会显示"'另见'链接"对话框,如图13-4所示。

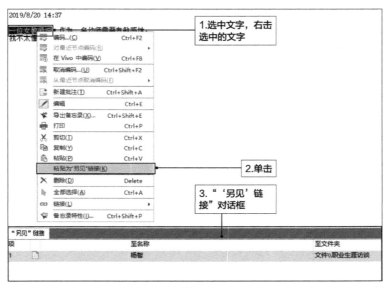

图 13-4

被链接的文字会以粉色显示。打开"'另见'链接"的具体操作如图13-5和图13-6所示。

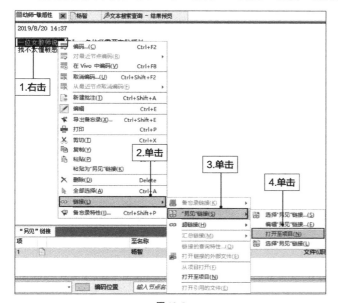

图 13-5　　　　　　　　　　　　　　　　图 13-6

我们也可以把"'另见'链接"导出到Word文档里，具体操作如图13-7至图13-9所示。

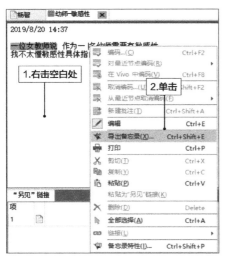 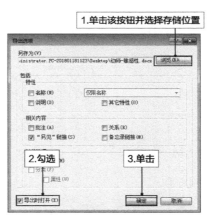 

图 13-7　　　　　　　　　　图 13-8　　　　　　　　　　图 13-9

我们也可以把文字和图片进行链接。首先右击选中的文字，然后在菜单中单击"选择'另见'链接"，如图13-10所示。

在弹出的"新建'另见'链接"对话框中单击"选择"按钮，如图13-11所示。

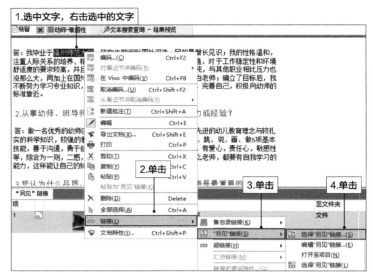

图 13-10

图 13-11

弹出"选择项目项"对话框,选择要关联的图片,如图13-12和图13-13所示,最后单击"确定"按钮完成文字与图片的链接。

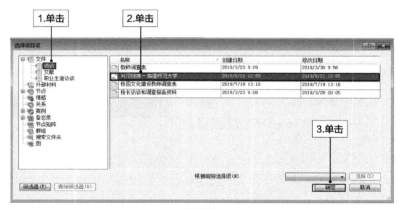

图 13-12

图 13-13

"另见"链接显示结果如图13-14所示。

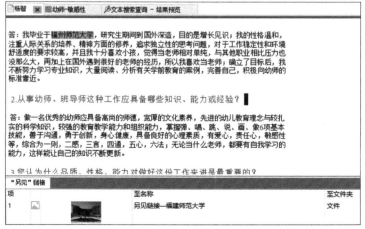

图 13-14

要重新打开"另见"链接时,可以单击导航栏里的"'另见'链接",在页面中间会显示所有建立的"'另见'链接",双击其中的一个即可打开,如图13-15所示。

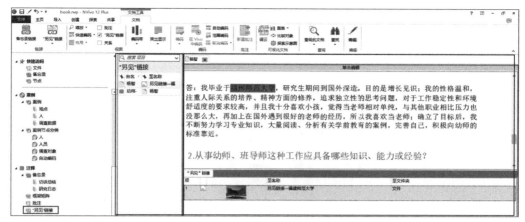

图 13-15

13.3 本章习题

分别运用示例给出的两种方法建立"另见"链接。

第14章

图形的制作

---内容概括---

图形在质性研究中发挥着重要作用,使用图形能帮助你探索想法或展示数据中的联系。在NVivo中有3种比较重要的图形,你可以在项目的不同阶段出于不同的原因使用它们。

使用图形的好处：

• 把信息放到一个可视图表中可以帮助你决定留下什么和省略什么，你必须为每个对象找到一个位置并检查每个连接；

• 制作图形需要并确保对数据有全面的理解，制作图形可以刺激新想法的产生。

将你的研究浓缩到一个有限的图形中会帮助你：

• 找出最重要的信息；

• 区别离散的数据；

• 建立可能的联系。

图14-1展示了3种图形与NVivo中其他图形之间的差异。你可以在项目的任意阶段使用这些方法，这取决于你想做什么样的思考。

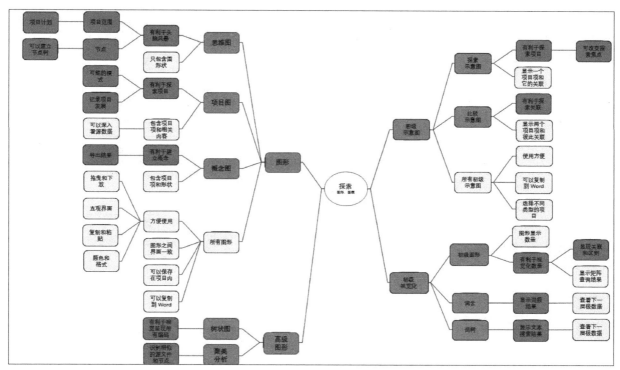

图 14-1

• 思维图与其他思维导图工具（如Mindjet、Xmind、Coggle、Freemind）非常相似，可以帮助你提前考虑项目。最常见的情况是：你可以使用这些方法来集体讨论节点的层次结构。如果你想把这些想法转变成节点，可以利用思维图去做。

• 项目图有助于你了解自己构建的内容。它们提供了一种查看和跨越项目内容的方法，有点像第8章中介绍的高级版本的探索示意图，但是探索示意图有其自身的特殊性，因此在学习使用项目图之后不要放弃使用探索示意图。

• 概念图能够帮助你进行解释性工作，包括理论构建，这可能是你分析的目标。

14.1 思维图

思维图反映了你对一个主题的看法，通常是快速或自发地创建的。在项目开始的时候，你可以用思维图来探索你的期望或最初的理论，从而确认节点的结构。

思维图主要是一个头脑风暴工具，从一个中心话题或主要想法开始。与中心主题相关的想法由一个单独的形状表示，并与主想法相连。所有的思想都以某种方式连接在同一个层次或层级中。有时你可能会有一个似乎与其他任何想法都没有联系的想法，你可以把它作为一个浮动想法添加到思维图中。

要使用思维图，就要考虑一个关键概念或术语，并考虑可能与之相关的所有事物。当不确定某个想法的位置或与其他想法之间的关系时，请保持它的浮动性。一个想法可能会促使其他想法从中分离出来——它们可能处于同一水平（同级想法），也可能深入到一个概念（次级想法）。

创建思维图。在"探索"选项卡上的"图"组中单击"思维图"，在弹出的"新建思维导图"对话框中输入名称和说明，单击"确定"按钮，如图14-2所示。

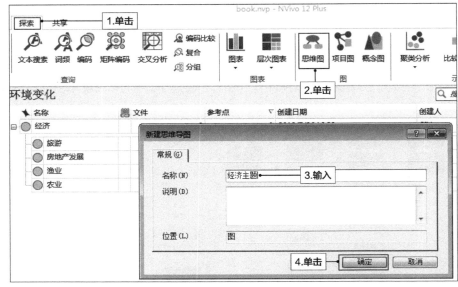

图 14-2

输入主要想法的标签，然后按Enter键，每个思维图中只能有一个主要想法，如图14-3所示。

继续添加"次级想法"，如图14-4所示。

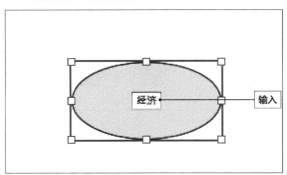

图 14-3

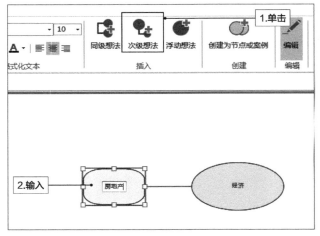

图 14-4

若要在同一级别添加想法，请单击"同级想法"，如图14-5所示。

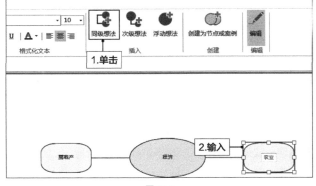

图 14-5

若要添加与思维图上的任何其他想法都不相关的想法,则单击"浮动想法",如图14-6所示。

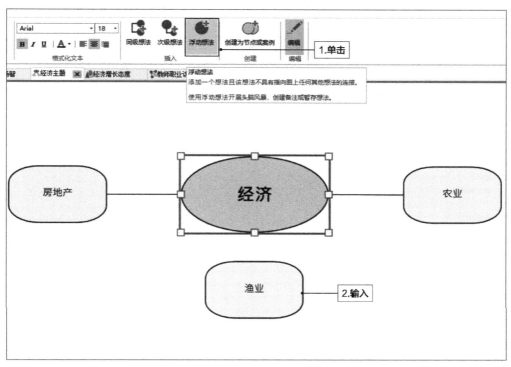

图 14-6

也可以把思维图创建为节点或案例,单击"创建"组中的"创建为节点或案例",在"选择位置"对话框中单击已经创建好的想法,然后单击"确定"按钮即可,如图14-7所示。

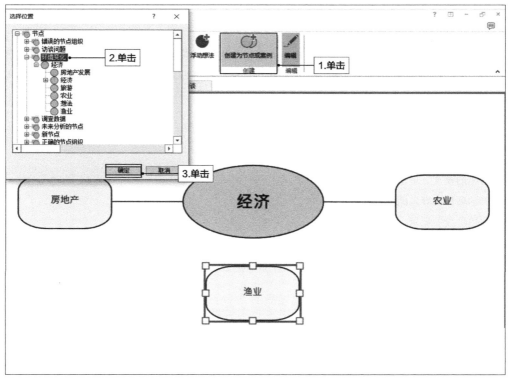

图 14-7

图14-8中红色框内的项目可以对图形形状和字体颜色等进行设置，设置后的效果如图14-8所示。

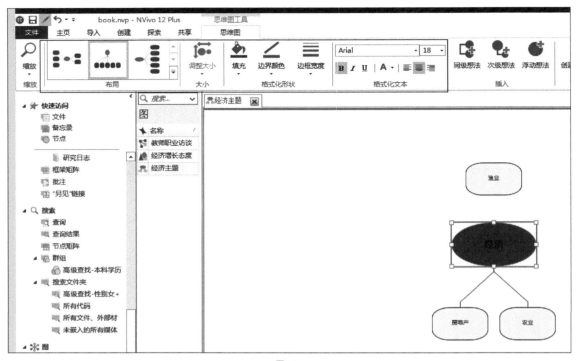

图 14-8

14.2 项目图

项目图是研究项目中不同内容的图形表示。项目图由表示项目中不同内容的形状和显示项目之间链接的连接线组成。在创建项目图之前，需要完成数据的编码。

使用项目图时，需要先对项目数据提出一个问题。例如，这些文件是如何编码的？哪些案例被分配到这个分类中？为这个分类定义了哪些属性？然后，将问题中心的项目项添加到画面中以建立查询的项目图，将其他关联项添加到画面以帮助说明答案。

你可以使用项目图：

- 探索和组织数据；
- 发展观点，建立理论，做出决定；
- 识别新出现的模式、理论和解释；
- 直观地表示项目内容之间的链接；
- 提供各项目阶段的记录。

创建项目图。在"探索"选项卡上的"图"组中单击"项目图"，弹出"新建项目模型"对话框，在"名称"栏中输入项目图的名称，单击"确定"按钮后，"项目图"会显示在详细视图中，如图14-9所示。

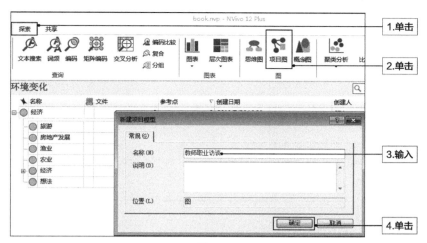

图 14-9

在"项目图"选项卡上单击"添加项目项"按钮,选择要添加到图中的项目项,具体操作如图14-10所示。

图 14-10

选择一个或多个项目之后单击显示"关联项"的符号,如图14-11所示。

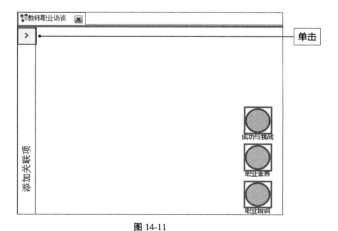

图 14-11

按住Shift键，分别选中3个案例，之后拖曳到右边制图界面空白处，如图14-12所示。

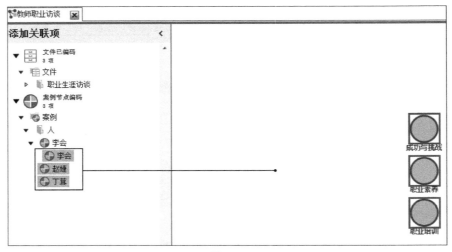

图 14-12

你可以更改项目图的布局，以最佳方式展示你的数据，如图14-13所示。

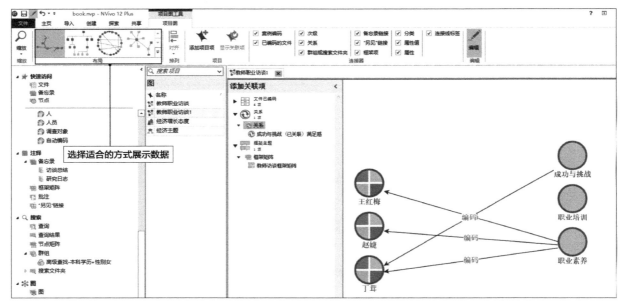

图 14-13

某些无关图形也可以删除，如图14-14和图14-15所示。

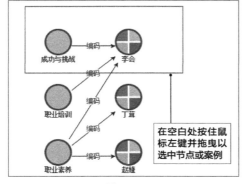

图 14-14

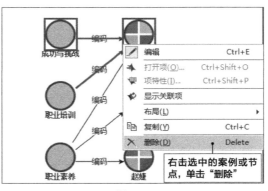

图 14-15

也可以对剩下的案例进行探索并建立项目图，如图14-16所示。

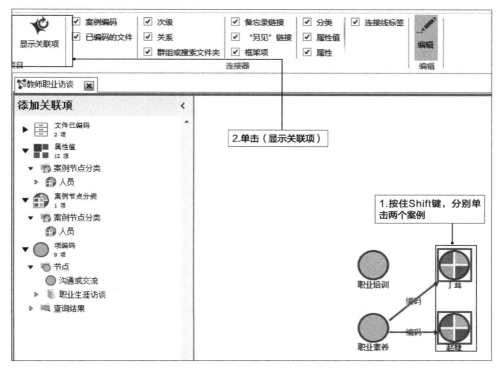

图 14-16

按住Shift键，分别单击两个学历变量，并将它们拖曳到右侧制图界面空白处，如图14-17所示。

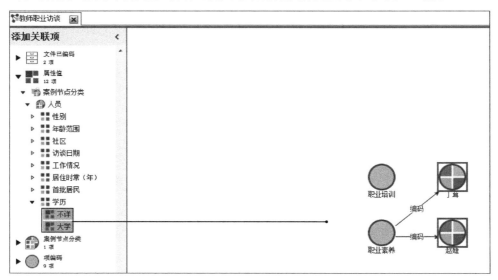

图 14-17

更改项目图的布局，以最佳方式显示数据，如图14-18所示。

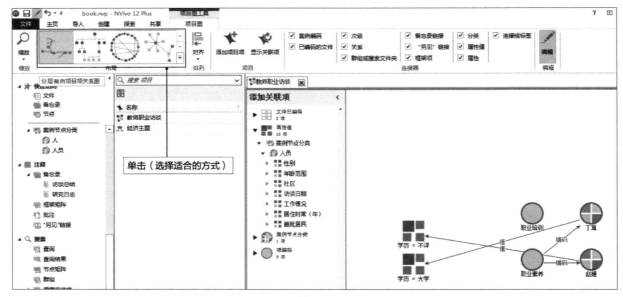

图 14-18

项目项是链接到数据的,你可以双击项目项,以在详细视图中打开。双击"职业素养"打开此节点,如图14-19和图14-20所示。

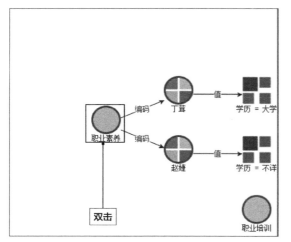

图 14-19

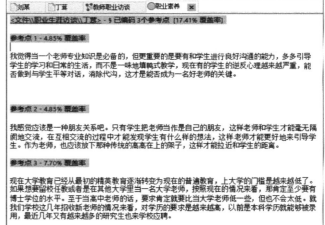

图 14-20

项目图创建完成后,可以将图形保存在项目日志中,并记录观察结果和见解。右击空白处,单击弹出菜单中的"导出图",如图14-21所示。

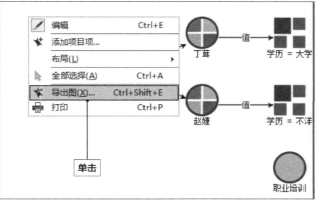

图 14-21

14.3 概念图

利用概念图可以绘制出你的想法，或者探索和展示数据中的连接。使用形状和连接来可视化你的思想和理论的发展。概念图是由不同形状和连接线组成的自由形式的图形。

形状代表概念（想法、人或数据）。形状之间的连接线表明，例如，这会导致……，这需要……或者这有助于……意思。

如果要使用概念图，请尝试以下方法。

• 确定相关概念。用形状表示它们，然后在界面上移动它们，以获得一种分组和排序的感觉。添加其他项目，连接每个概念以显示关联。

• 拿一些你已经写过的东西，试着画出来。

• 试着想象一下你是如何看待一个案例的。将不同的形状添加到图中，以表示影响或被案例影响。

您可以将项目项添加到概念图中，以帮助构建图表。不一定需要有完整项目才能开始制图。在收集数据时，将项目内容添加到概念图中，可以充实可视化效果并帮助你进行分析。检查图表效果最好的方法就是让同事看你的图表，看看他们能否解释你的图表。

建立概念图。在"探索"选项卡上的"图"组中单击"概念图"，在"新建概念图"对话框中输入概念图名称，单击"确定"按钮，如图14-22所示。

图 14-22

添加项目项，具体操作如图14-23所示。

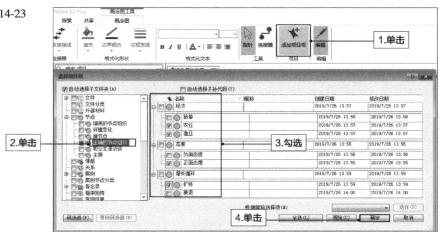

图 14-23

添加连接器，具体操作如图14-24所示。

单击"更改连接线"可以改变决定节点关系的连接线，如图14-25所示。

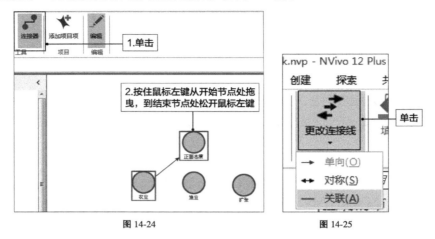

图 14-24　　　　　　　　　图 14-25

单击"指针"改变成制图模式，选择形状"左三角"并将其拖曳到右侧制图界面中，然后双击形状并输入文字"增长"，如图14-26所示。

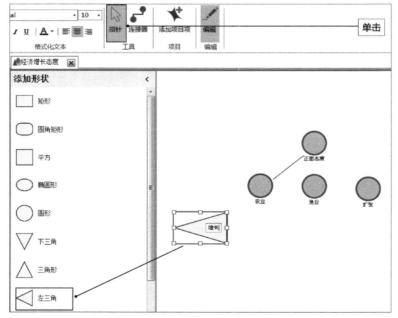

图 14-26

可以将形状拖曳到合适的位置，如图14-27所示。单击形状后，按住出现的边框连接点并拖曳，可以对图形大小进行调整，如图14-28所示。

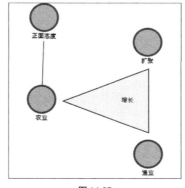 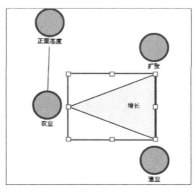

图 14-27　　　　　　　　　图 14-28

图14-29中红色边框内的按钮可以对形状的颜色、宽度及字体等进行设置，设置后的效果如图14-30所示。

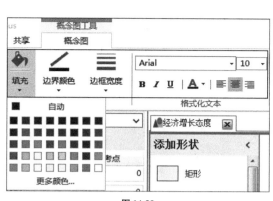
图 14-29

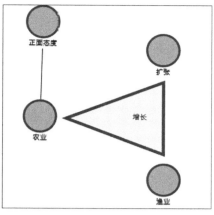
图 14-30

单击"添加形状"栏中的"注释"并将其拖曳到右侧制图界面中，然后输入文字内容，如图14-31所示。

概念图创建完成后，请将图像保存在项目日志中，并记录观察结果和见解。右击空白处，在弹出的菜单中单击"导出图"，如图14-32所示。

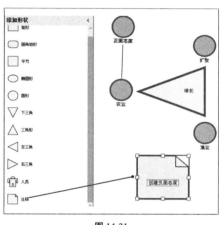
图 14-31

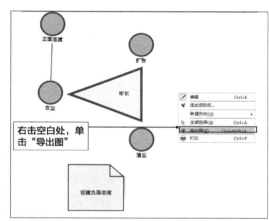
图 14-32

14.4 本章习题

（1）在自己的项目中创建适合项目阶段的概念图，可以包含一些关于从数据中产生的概念的初步想法，或者显示文献中的一些概念是如何与你所做的一些编码相关的。

（2）如果你在自己的项目中进行了一些编码，请创建包含编码数据的项目图；然后使用关联项来显示这些数据文件是如何编码的。

（3）使用思维图在项目中创建节点层次结构，不要试图在单个图中创建所有节点层次结构，思考用许多图来绘制一个大的概念。

第15章

自动编码

---内容概括---

在第4章和第5章中介绍了不同的编码方法,以及创建高效、分析功能强大的节点层次结构的方法。

以下是一些需要记住的关键点。
- 当为主题编码时，通常通过单击和拖曳的方式从源文件到节点只对一段内容进行编码。
- 编码应用于所有源文件。
- 注意构建节点层次结构的指导原则（参见6.1节节点结构化）。

现在我们准备学习自动编码的方法。这些方法中的每一种方法都可以被认为是自动化编码的一种方法。

注意
自动编码并不总是有用或合适的，研究方法是驱动和指导NVivo操作的唯一标准。

15.1 通过问题格式和名字进行自动编码

在使用自动编码功能前，为了让软件能够识别文字，需要对文档进行格式化。所有的问题要使用同样的格式，所有的回答也要使用相同的格式。这项工作应该在进行誊写访谈内容时进行。

打开一个访谈文档，然后选中问题，你会发现问题使用的是"Heading 2"格式，如图15-1所示。回答使用的是"Normal"格式，如图15-2所示。

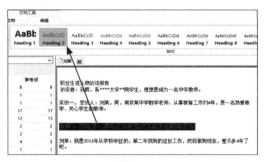
图 15-1

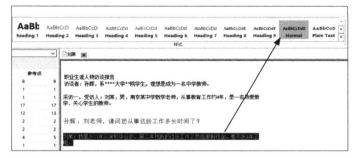
图 15-2

右击选中的访谈文档，在弹出的菜单中单击"自动编码"，通过姓名自动建立编码，如图15-3所示。

按照"自动编码向导"对话框中的说明进行操作，首先添加发言人，如图15-4和图15-5所示。

在"您的案例将组合到一个分类中"选项中可以选择"创建新分类"或"添加至现有分类"，这个根据你的研究而定。本示例选择的是"添加至现有分类"，因为之前已经创建过分类了，如图15-6所示。

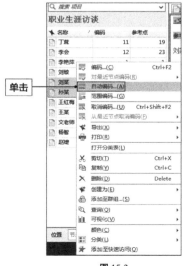
图 15-3

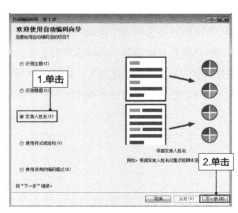
图 15-4

图 15-5

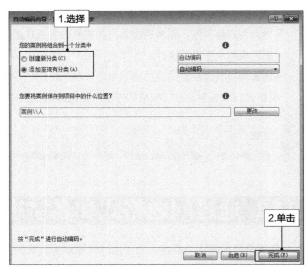

图 15-6

单击"案例"组下的文件夹"人",新创建的案例就会显示出来,如图15-7所示。

如需要添加变量,单击"案例节点分类"下的"自动编码",给新案例添加变量,如图15-8所示。具体添加变量的方法前面已经讲过了,这里就不再重复,详情请参考3.3节。

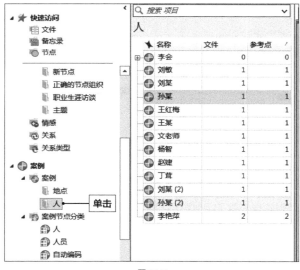

图 15-7

图 15-8

以上这种建立案例的方法特别适合焦点组访谈,因为这种方法能够快速地建立案例及添加变量。

下面将学习通过问题格式进行自动编码。同样也需要把文档内容格式化,以便软件可以识别文档里的内容。

右击文档,在弹出的菜单中单击"自动编码",如图15-9所示。

按照"自动编码向导"对话框中的步骤进行操作,如图15-10所示。

图 15-9

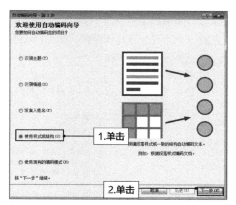

图 15-10

选择"编码方式"为"段落样式",单击"下一步"按钮,如图15-11所示。

在"可用的段落样式"下拉列表中选择"Heading 2",因为示例的问题格式是"Heading 2",如图15-12和图15-13所示。

选择要存储新创建的案例或节点的位置,操作步骤如图15-14所示。

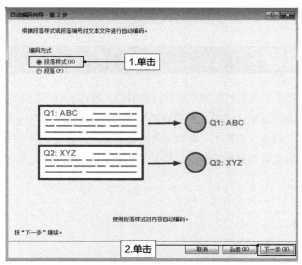

图 15-11

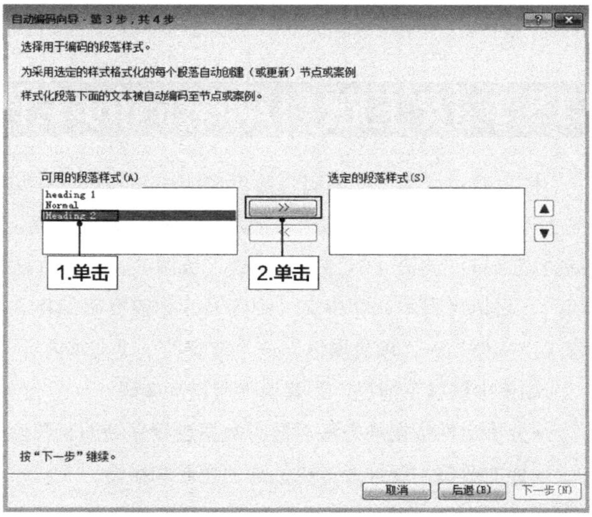

图 15-12

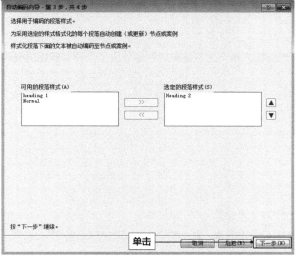

图 15-13

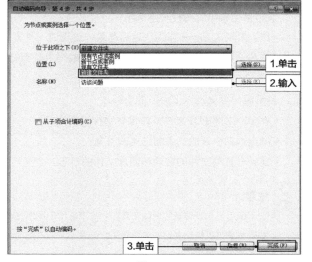

图 15-14

如果要查看建立的自动编码节点，可以单击左侧导航栏里面的节点"访谈问题"，刚建立的编码就会显示在右侧窗口中。双击其中的一个即可查看具体内容，如图15-15所示。

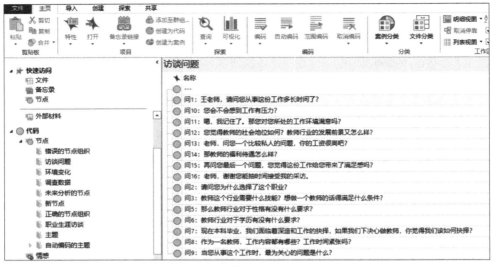

图 15-15

15.2 按主题自动编码的工作原理

按主题和情感自动编码目前仅在NVivo 12Plus中可用。并不是所有的数据都适合自动编码，所以了解它们是如何工作的很重要。自动编码不适用于所有语言的数据，你只能在NVivo当前支持的语言上使用自动编码。NVivo支持的语言有：英语（英国）、英语（美国）、法语（法国）、德语（德国）、西班牙语（墨西哥）、葡萄牙语（巴西）、日语（日本）和中文（中国）。你需要确保将文本内容语言设置为与源语言匹配。在项目属性中设置文本语言（"文件"→"项目属性"→"常规"→"文本内容语言"）。

如果出现以下情况，不建议使用自动编码：
- 分析定性数据的方法需要对数据进行仔细的解释性阅读；
- 你的数据主要涉及讨论抽象的想法和概念。

如果你有大量的数据需要分析，并且时间有限，自动编码工具会很有帮助。它们还可以与传统的数据编码方式结合一起使用。

使用自动编码的两种基本策略：
- 作为发现工具——作为快速启动编码过程的一种方式；
- 作为一种验证工具——作为一种检查编码中是否有任何遗漏的方法，这些编码你已经使用了一种解释性的编码形式。

自动编码可处理以下类型的数据：
- Word文档和PDF文件（如果有字符识别）；
- 调查数据中开放式问题结尾的答复；
- 视频与音频文件的转录和图片文件的日志。

注意

它不适用于未经转录的视频和音频，也不适用于图像PDF，只适用于文本数据。

编码引擎可以检测名词和名词短语，但并不是所有的名词短语都会被提取出来，它使用词汇链，通过相关名词将限定范围内的句子关联起来。

编码引擎可以排除：
- 代词；
- 人名；
- 地名；
- 机构名。

NVivo处理编码引擎结果：
- NVivo标识潜在的父节点（一般名词或主题）；
- NVivo会基于词相似度将名词短语分组成父节点下的子节点；
- 有些名词短语可以分组在多个父节点下；
- 编码引擎在名词和名词短语的频率范围内查看所有材料；
- 在调查中，最好先按结构对每个开放式问题进行自动编码，然后在每个问题节点上按主题运行自动编码，编码引擎将仅限于该问题并生成更相关的结果。

注意
文本范围会影响结果。

15.3 按主题自动编码的具体操作

作为研究者需要知道按主题自动编码的优劣性，以下是进行自动编码操作时需要注意的事项。

局限性：
- 不能取代阅读数据——你仍然需要熟悉数据；
- 通过阅读和解释文本进行编码始终更加准确；
- 无法预先确定主题——没有停止列表。

作为发现工具使用时：
- 以你的研究问题为指导；
- 结果放在各自独立的文件夹中与已经完成的其他编码进行区分，某些节点可能重复，如渔业是渔业和工业的子节点；
- 删除任何副本可以查看结果，并将要保留的结果移到主题节点文件夹中；
- 查看子节点，了解如何使用顶层关键字；
- 对关键短语进行文本搜索，找出遗漏的内容。

作为验证工具使用时：
- 通过阅读和解释文本，与你所做的编码进行比较；
- 使用编码带让用户检查NVivo是否编码了你已经完成的任何编码，NVivo的用户名是NV。

建立自动编码主题。先选择编码文档，右击"教师调查表"，在弹出的菜单中单击"自动编码"，如图15-16所示。

按照"自动编码向导"对话框中的提示进行操作，单击"识别主题"，单击"下一步"按钮，如图15-17所示。

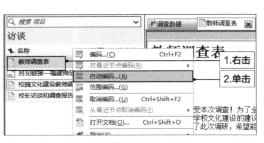

图 15-16

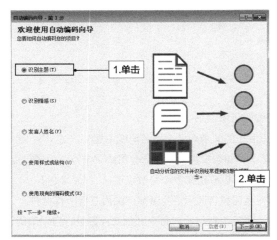

图 15-17

查看识别出来的主题，并去掉不合适的主题，如图15-18所示。

选择NVivo对文本段落的编码方式，如图15-19所示。

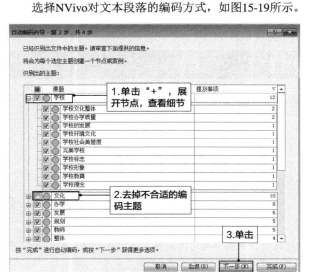

图15-18

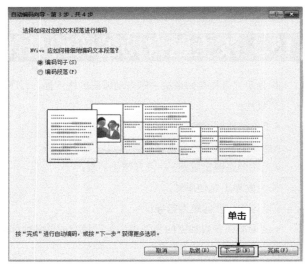

图 15-19

此处有3种编码选项：

• 如果你想对单个句子进行编码，请选择"编码句子"；

• 如果希望对整个段落进行编码，请选择"编码段落"；

• 如果要对数据集、脚本和日志的整个单元格进行编码（如表格形式的调查数据），请选择"对数据集、脚本和日志的整个单元格进行编码"，对于其他文件类型，将对整个段落进行编码。

> **注意**
>
> 本案例导入的是访谈文件，所以图15-19所示没有显示第三个编码选项，如果导入的是表格形式的调查数据，第三个编码选项就会显示出来。

为节点或案例指定一个位置，单击"创建文件夹"按钮，输入名称"教师调查"，单击"完成"按钮完成编码，如图15-20所示。

图 15-20

编码结果将以层次图表和矩阵表格显示。编码结果在详细视图中显示为节点矩阵，并保存在"节点矩阵"文件夹中，如图15-21和图15-22所示。

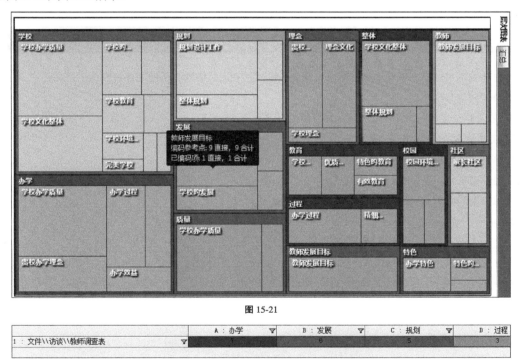

图 15-21

图 15-22

创建的节点存储在"节点"文件夹下名为"自动编码的主题"的文件夹中。单击"教师调查"文件夹，查看编码细节，对不合适的编码进行重新组织，如图15-23所示。

图 15-23

15.4 按情感自动编码的工作原理

按情感自动编码可以帮助研究者分析文本内容的大概情感表达，情感分析的工作机制如下。

编码引擎识别情感词：
- 把单词在-1和+1之间分配得分；
- 然后通过相邻词的分数修正分数。

编码引擎将文本分解为表示情感的短语：
- 短语包括名词、动词、形容词、副词。

编码引擎识别带有情感的短语，并给每个短语打分：
- 如果前面有一个修饰语，如更多、有点、非常等，那么词的分数可以改变。

 注意

与按主题自动编码不同，范围不会影响按情感自动编码的结果。

自动编码时，NVivo将使用分数来确定应该对短语的哪个情感节点进行编码：
- 非常消极、中等消极、中等积极、非常积极；
- 文本可以被编码为正反两种，因为分析过程是在孤立地看短语。

15.5 按情感自动编码的具体操作

根据数据的不同，你的编码结果变化可能非常大，你需要经常检查结果。编码引擎无法理解人们说话的隐含意义。

建立自动编码情感。选择编码文档，右击"调查数据"，在弹出的菜单中单击"自动编码"，如图15-24所示。

按照"自动编码向导"对话框中的提示进行操作,单击"识别情感",单击"下一步"按钮,如图15-25所示。

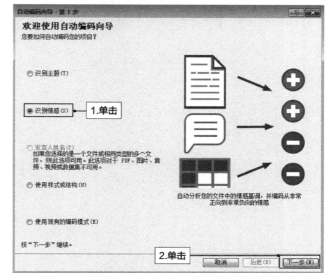

图 15-24　　　　　　　　　　图 15-25

因为要自动编码的是数据集,所以单击第三项"对数据集、脚本和日志的整个单元进行编码",单击"完成"按钮,如图15-26所示。

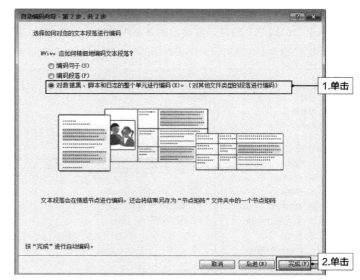

图 15-26

结果将以"层次图表"和"汇总"表两种方式显示,如图15-27和图15-28所示。

代码	编码参考点数	编码项数
调查数据	1346	1
调查数据 - 负向	4	1
调查数据 - 混合	5	1
调查数据 - 正	1	1
调查数据 - 中立	1336	1

图 15-27

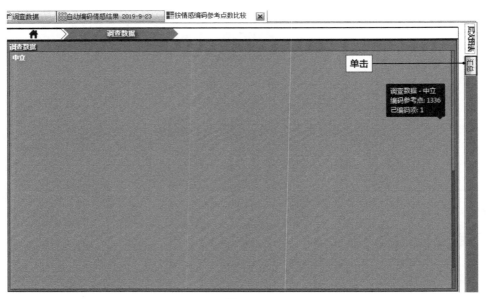

图 15-28

这只是数据的初步编码,你还需要打开节点细节,查看是否有编码错误的节点,具体操作如图15-29所示。

单击"编码带"按钮,在弹出的菜单中单击"选定项",可以显示有哪些编码在两种以上的情感节点上已编码。以这样的方式你就可以对错误的编码进行修改,如图15-30所示。

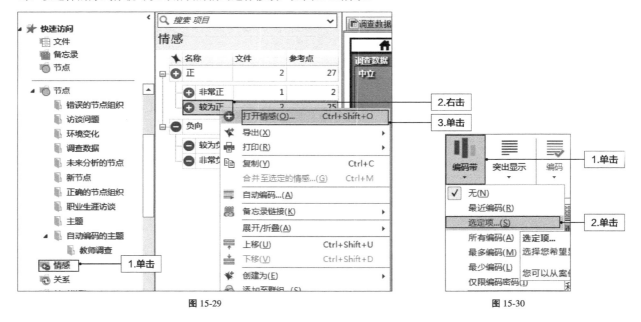

图 15-29　　　　　　　　　　图 15-30

在"选择项目项"对话框中勾选"情感"子文件夹,然后全选态度节点,单击"确定"按钮,如图15-31所示。

"参考点3"的编码既有正向也有负向,根据原文内容可知被访者的情感是非常正向的,如图15-32所示。

图 15-31

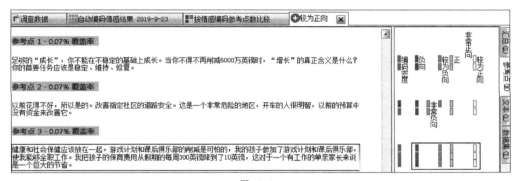

图 15-32

重新编码情感节点最简单的方法是直接打开情感节点。在情绪的编码带上，看看文本哪部分被编码到多个情绪节点。要更改编码，请先单击"情感"文件夹，然后右击所选文本并在弹出的菜单中单击"更改情感"，再单击"非常正向"，如图15-33所示。

 注意

重新编码感情节点仅在情感节点中可用。

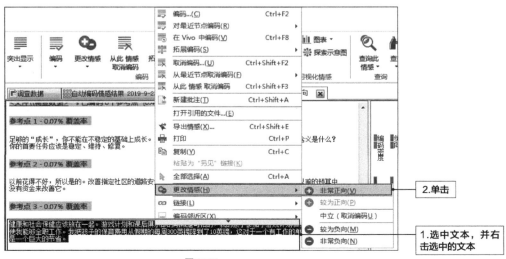

图 15-33

双击"非常正向",可以看到该段编码已经更改到了"非常正向"节点下,如图15-34所示。

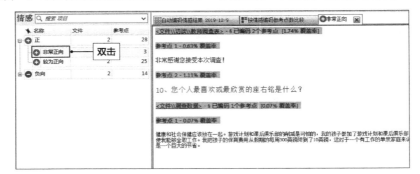

图 15-34

这种双向编码的节点有时会帮助你发现内容的细节,但有时也会掩盖数据中的简单模式,因此你可以运行"矩阵编码"来帮助辨别这些情感节点,如图15-35所示。

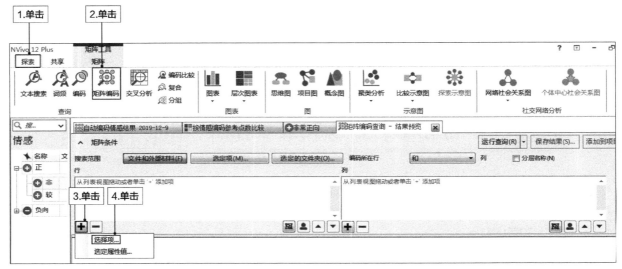

图 15-35

在"选择项目项"对话框中勾选"情感"文件夹,全选态度节点,单击"确定"按钮,如图15-36所示。

图 15-36

单击"运行查询",如图15-37所示。

图 15-37

红色框内的数字表明有5个节点既编码为正向又编码为较为负向,双击该数字可以查看编码内容,如图15-38和图15-39所示。

	A:正	B:非常正向	C:较为正向	D:负向	E:较为负向
1:正	26	3	24	5	5
2:非常正向	3	3	0	1	1
3:较为正向	24	0	24	4	4
4:负向	5	1	4	12	10
5:较为负向	5	1	4	10	10
6:非常负向	2	0	2	4	2

图 15-38

图 15-39

15.6 本章习题

(1)对已给示例或自己的数据通过题目和名字进行自动编码。

(2)对已给示例或自己的数据自动编码主题和情感。

第16章

发现编码数据中的模式

内容概括

本章继续学习在编码中寻找模式来提高分析效果。首先,有关编码查询需要特别注意:"导入垃圾,产出垃圾"。编码查询的结果与编码的质量密切相关。其次,如果在运行编码查询时编码不完整,那么需要记住,你看到的结果并不代表所有编码——只代表到目前为止完成的编码。所以要使用"添加到项目"选项保存查询(不是结果),以便在编码完成后再次运行。

16.1 矩阵编码查询

矩阵编码查询可以帮助你看到两个项目列表之间的编码交叉点。你可以使用"矩阵编码查询"来询问有关编码数据中大量的有相同模式的问题，并查看这些模式的内容。例如，根据你对数据的编码方式，你可以比较不同主题的正面态度和负面态度，如表16-1所示。

表16-1　不同主题的态度矩阵编码查询表

	正面态度编码点数量	负面态度编码点数量
农业	5	0
旅游	122	34
环保	20	20

或者比较不同案例对某个问题的看法，如表16-2所示。

表16-2　不同案例对某个问题的看法矩阵编码查询表

	社区变化编码点数量	政策管理编码点数量	交通编码点数量	经济编码点数量
李艳萍	2	2	6	6
刘敏	0	0	0	1
王红梅	4	4	2	6
杨智	3	4	2	2
赵杰	5	0	2	9

你还可以探索如何在不同的上下文中使用术语。例如，人们对栖息地与经济的关系有什么看法？如表16-3所示。

表16-3　人们对不同环境与不同主题的关系的看法编码矩阵查询表

	社区变化编码点数量	经济编码点数量	环境改变编码点数量	环境影响编码点数量
栖息地	3	14	10	3
风景	0	1	3	0
水质	3	16	10	9
房地产发展	27	39	19	4

生成的矩阵编码可以作为查询结果保存在项目中，也可以与"节点矩阵"文件夹中的节点一起保存。使用矩阵编码时，可以：

- 从矩阵单元格中打开一个节点，以查看单元格中编码的所有内容（双击单元格以打开节点）；
- 对单元格应用颜色底纹以使在矩阵中更容易被看到；
- 更改矩阵单元格中显示的信息，如编码的文件数或编码的节点数；
- 筛选或排序矩阵；
- 转置列和行。

如果要以图表形式查看矩阵，请单击"图表"选项卡，在该选项卡上你可以更改图表的类型、标题、标签、网格线和旋转方向。

对矩阵的行进行设置。在"探索"选项卡上的"查询"组中单击"矩阵编码"，如图16-1所示。

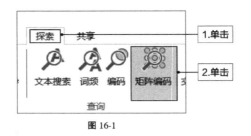

图 16-1

因为我们要在行里添加的是案例的属性"年龄范围",所以此处单击"选定属性值",如图16-2所示。

图 16-2

在"编码搜索项"对话框中单击"选择"按钮选择属性,如图16-3所示。

在"选择项目项"对话框中单击"案例节点分类"文件夹,在右侧单击"年龄范围",然后单击"确定"按钮,如图16-4所示。

图 16-3　　　　　　　　　　　　　　　　图 16-4

回到"编码搜索项"对话框,单击"确定"按钮,如图16-5所示。

重复图16-1至图16-5的步骤添加其他年龄范围到行里面,如图16-6所示。

图 16-5　　　　　　　　　图 16-6

重复图16-1至图16-6的步骤继续添加其他属性。

创建矩阵的列。单击"选择项",如图16-7所示。

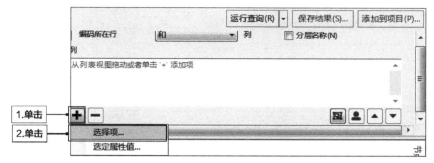

图 16-7

在左侧导航栏里,单击"案例"组下的"人",然后选择案例,如图16-8所示。

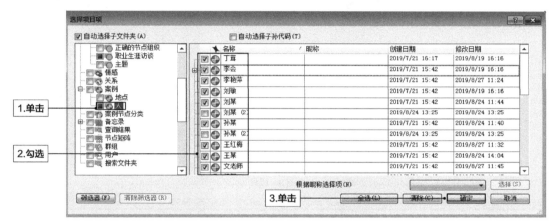

图 16-8

如果要限定查询条件,如查询"职业培训"和"职业素养"节点上的矩阵编码,则首先单击"选定项",在"选择项目项"对话框中单击左侧的"职业生涯访谈"文件夹,然后勾选右侧的"职业培训"和"职业素养",最后单击"确定"按钮,如图16-9所示。

图 16-9

单击"运行查询",会显示查询结果,如图16-10所示。

图16-10

查询结果默认情况显示的是"编码参考点",也可以显示其他内容,如"已编码的文件"或"已编码的案例",如图16-11所示。

图16-11

单击"图表"选项卡可以图像化显示查询结果,如图16-12所示。

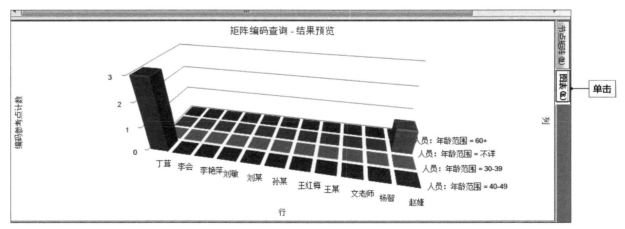

图16-12

以上内容的"行"或"列"的节点是一个维度的查询,我们也可以使用"矩阵查询"查找"行"或"列",这是两个维度或更多维度的查询。例如,需要查询教师阅历的不同态度与不同性别间的矩阵编码情况时,可以在"探索"选项卡上的"查询"组中单击"查询向导",在"查询向导"对话框中单击"查找两个项列表之间的编码交叉部分"选项,然后单击"下一步"按钮,如图16-13所示。

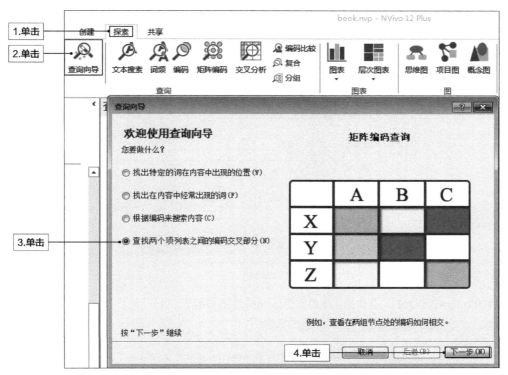

图 16-13

进入"查询向导"对话框,单击"添加行"右侧的"添加选定项"按钮,根据图16-14所示的操作进行选择,然后单击"下一步"按钮,如图16-15所示。

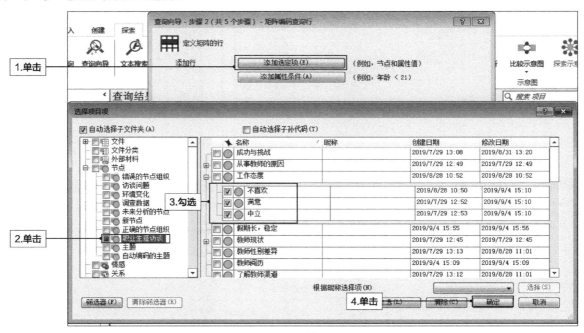

图 16-14

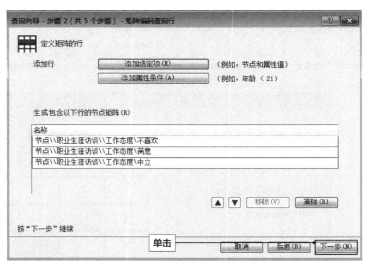

图 16-15

按照同样的方式继续添加列，具体操作步骤如图16-16和图16-17所示。

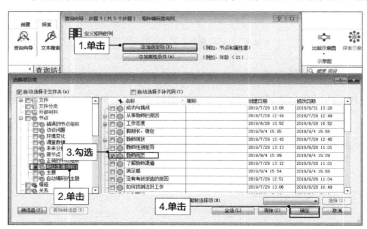

图 16-16

图 16-17

选择搜索位置为"文件和外部材料"，单击"下一步"按钮，如图16-18所示。

选择"运行一次此查询"选项，然后单击"运行"按钮运行查询，如图16-19所示。

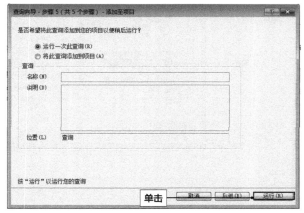

图 16-18　　　　　　　　　　　　　　　图 16-19

态度和教师阅历的交叉节点已经查找出来,这样你就可以运用这个交叉节点继续查找它与不同性别的矩阵关系。保存结果,具体步骤如图16-20所示。

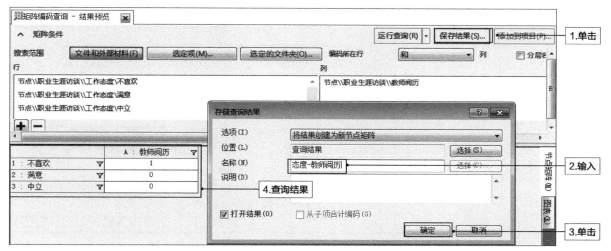

图 16-20

查询结果默认保存在"查询"文件夹内。把查询结果复制到"节点"文件夹下新建的"未来分析的节点"文件夹中,以保持数据结构合理一致,具体步骤如图16-21和图16-22所示。

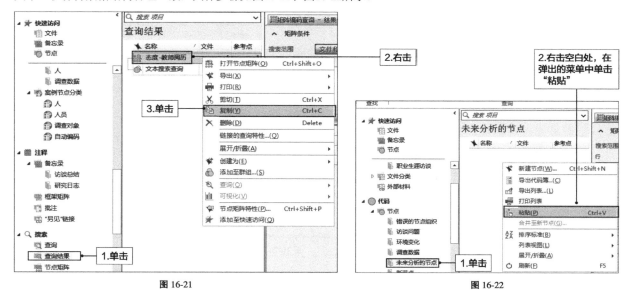

图 16-21　　　　　　　　　　　　　　　　图 16-22

勾选"包括空节点矩阵单元格"后,空节点也会被建立,单击"是"按钮,如图16-23所示。

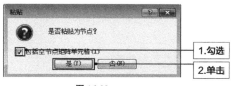

图 16-23

复制到新文件夹后,节点的排列方式和以前的不一样了。"态度"节点都变成了父节点,如图16-24所示。

现在可以运行"态度-教师阅历"节点与不同性别的查询了,查询过程与上面类似,具体步骤如图16-25至图16-30所示。

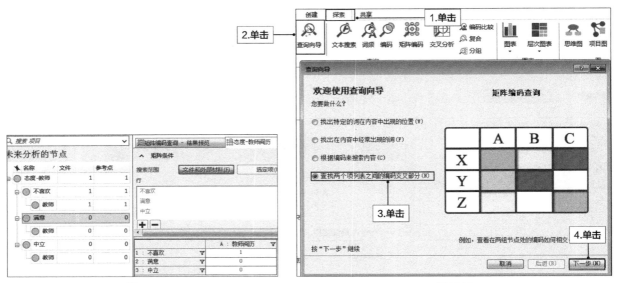

图 16-24　　　　　　　　　　　图 16-25

添加行，如图16-26和图16-27所示。

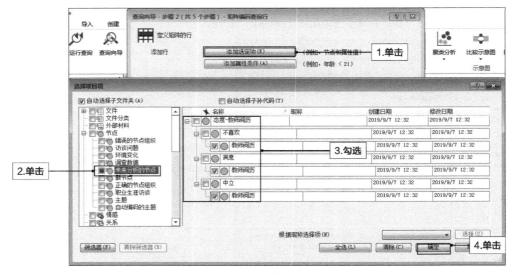

图 16-26

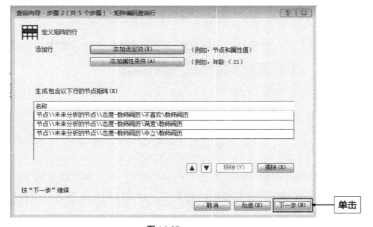

图 16-27

添加列，如图16-28和图16-29所示。

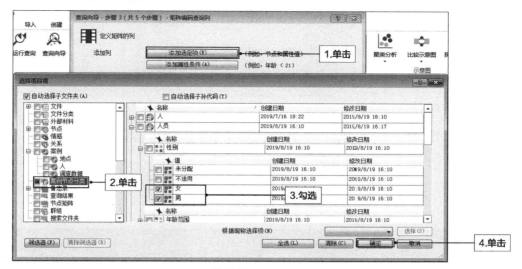

图 16-28

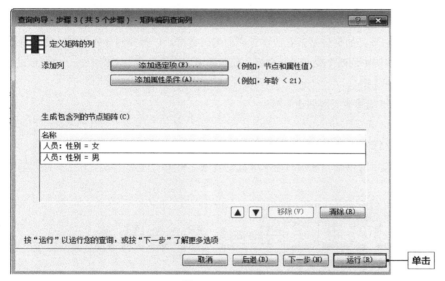

图 16-29

查询结果如图16-30所示。

图 16-30

你会发现矩阵中的"行"显示的都是教师阅历，你可以在左侧的窗口中对"行"的文字进行编辑，如图16-31所示。

图 16-31

16.2 交叉分析查询

交叉分析查询为你提供了一种快速检查跨案例和人口统计变量的编码分布的方法。此查询方法可以跨越一个或两个案例属性。由于交叉分析查询搜索的是编码的数据，因此必须对大量数据进行编码，以便结果显示不同子组之间的差异。至于矩阵编码查询，它真正的价值是查看数字背后的编码数据，以解释明显的差异。这两种查询最基本的区别是：交叉分析查询可以对案例中的两个变量进行分析，而矩阵编码查询最多对案例中的一个变量进行分析。

在运行交叉分析查询之前，你需要：
- 为作为分析重点的人员、地点或其他类别创建案例；
- 定义案例的人口统计属性；
- 在案例和主题节点处编写源材料代码。

示例操作中将根据案例人员的年龄范围和性别对满意度进行查询。单击"探索"选项卡"查询"组中的"交叉分析"，如图16-32所示。

图 16-32

选择满意度，如图16-33和图16-34所示。

图 16-33

图 16-34

选择分类和属性，如图16-35所示。

图 16-35

如果要限定查询的节点范围，请单击"选定项"，然后选择查询节点，最后单击"确定"按钮，如图16-36所示。

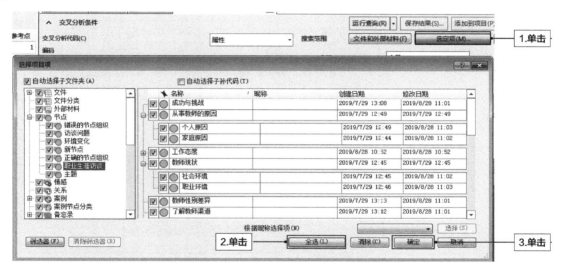

图 16-36

查询结果如图16-37所示。

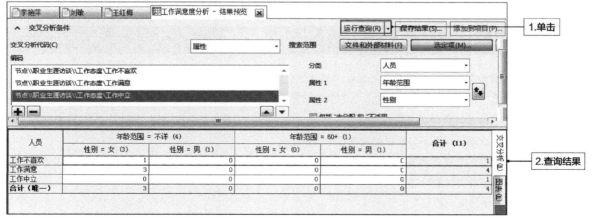

图 16-37

通过颜色显示编码量,如图16-38所示。

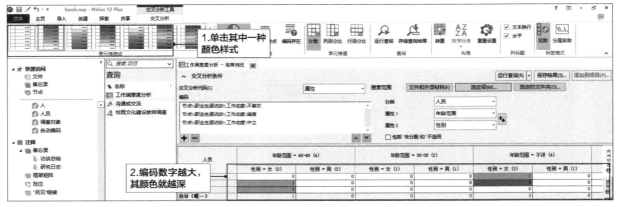

图 16-38

单击"转置",表格的"行"和"列"会调换位置,如图16-39所示。

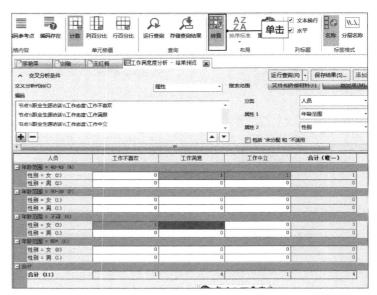

图 16-39

16.3 群组和搜索文件夹(高级查询)

"群组"和"搜索文件夹"是将存储在项目中的其他位置的项目内容重新分组。"群组"是对文件和节点进行灵活分组的一种方式,例如,你可以为文档、备忘录和节点创建一个"群组",以便团队成员审阅。

"群组"中的项目是对原始项目的引用或"快捷方式",即项目不会实际移动到"群组"中,这意味着你可以从"群组"中删除一个项目,而不必从原始的项目中删除它。

一个"群组"可以包含任意数量的文件或节点,一个文件或节点可以属于多个"群组"。可以使用"群组"创建临时组,然后在不再需要时删除它。

可以在以下情况中使用"群组":

- 要排序和组织一组图片时,将图片文件放在一组图片中,并将其显示为缩略图,以创建"照片库";
- 查看数据建立的阶段、进度和变化,或者管理研究时间表,如本周创建的项目,或者没有编码的节点;
- 指导和通知编码,如还没有编码的文件或自团队上次讨论以来创建的节点;
- 管理编码和自动编码,如需要讨论和重新描述的节点,或者尚未自动编码的文件;

- 围绕主题或分析区域分组项目；
- 确定和比较团队成员的工作，每个团队成员的群组可以包含他们的面谈内容、他们写的备忘录和他们创建的节点；
- 作为查询的范围，例如，你可以为相关文档（存储在不同的文件夹中）创建一个集合，并运行文本搜索查询。

建立"群组"的步骤如图16-40至图16-49所示。单击"探索"选项卡"查找"组中的"高级查找"，在"高级查找"对话框的"查找"下拉列表中单击"代码&案例"，如图16-40所示。

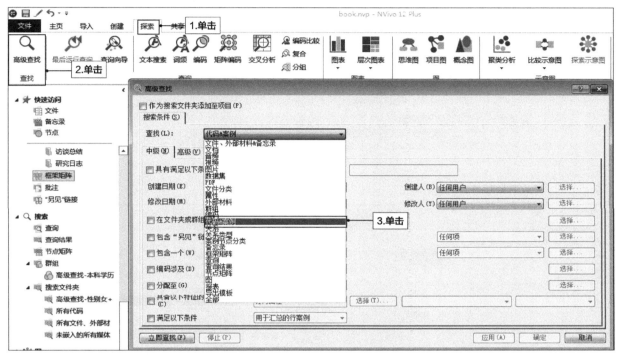

图 16-40

单击切换到"中级"选项卡，如果要对一个变量进行搜索，勾选"具备以下特征的已分类的项"并对变量值进行设定，如图16-41所示。

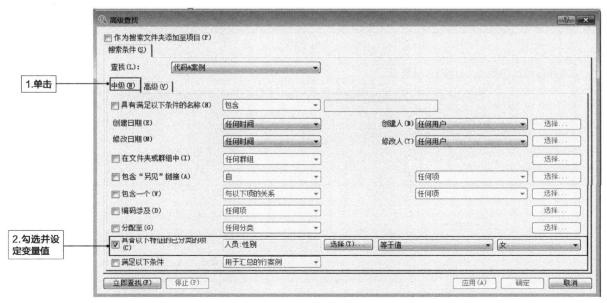

图 16-41

如果要对两个或多个变量进行搜索,单击"高级"选项卡,添加第二个变量,具体步骤如图16-42至图16-44所示。

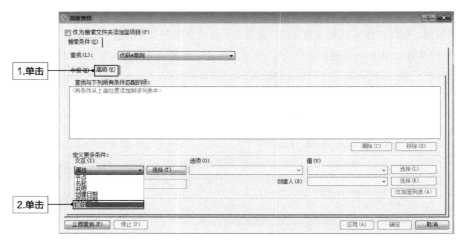

图 16-42

选择属性值,如图16-43所示。

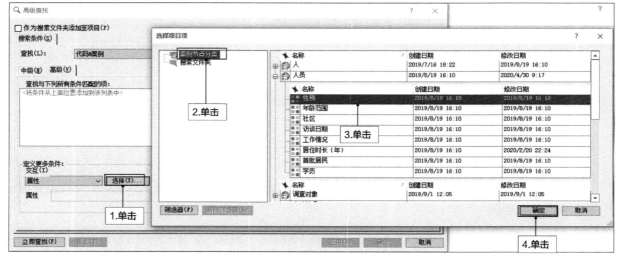

图 16-43

将属性值添加至列表,如图16-44所示。

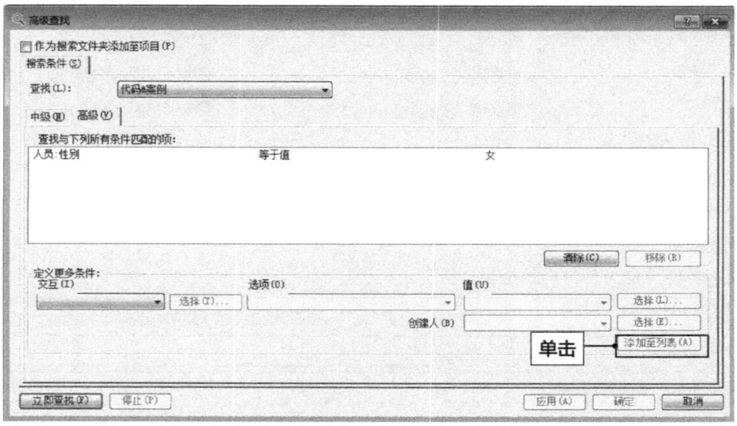

图 16-44

添加第二个属性值，如图16-45所示。

单击"立即查找"按钮，如图16-46所示。

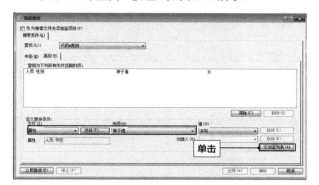

图 16-45

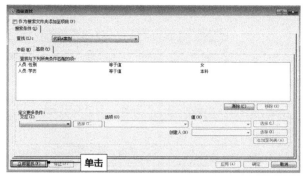

图 16-46

符合性别为"女"和学历为"本科"的查找结果是"李会"和"刘敏"，如图16-47所示。

查找结果						
名称	在文件夹中	创建日期	创建人	修改日期	修改人	
李会	案例\\人	2019/7/21 15:42	BILL	2019/8/19 16:16	BILL	
刘敏	案例\\人	2019/7/21 15:42	BILL	2019/8/19 16:16	BILL	

图 16-47

要保存查找结果，需要先全选案例，然后右击全选的案例，在菜单中单击"创建为"，再单击"创建为群组"，如图16-48所示。

 注意

"群组"保存后不能修改。

图 16-48

在"新建群组"对话框中输入"名称"，单击"确定"按钮，如图16-49所示。

刚建立的"群组"被存储在导航栏里的"群组"文件夹下，如图16-50所示。

图 16-49

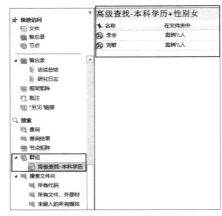

图 16-50

"搜索文件夹"会显示符合先前定义的搜索条件的项目内容。例如,"搜索文件夹"可以显示上周创建的所有节点。显示在"搜索文件夹"中的项目内容仍存储在其他 NVivo 文件夹中。例如,显示在"搜索文件夹"中的任何节点实际上都存储在"节点文件夹"中。

NVivo 提供以下系统定义的搜索文件夹:
- 所有节点——项目中的所有节点、案例、关系和节点矩阵;
- 所有文件——项目中的所有文件;
- 所有未嵌入项目的文件——引用存储在项目外部的媒体文件夹中的所有媒体文件。

你可以使用"高级查找"创建自己的"搜索文件夹",然后勾选"作为搜索文件夹添加至项目"复选框将条件保存为"搜索文件夹",如图 16-51 和图 16-52 所示。

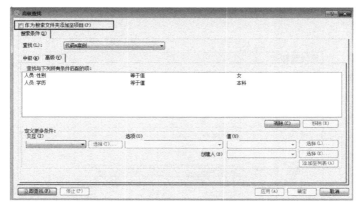

图 16-51

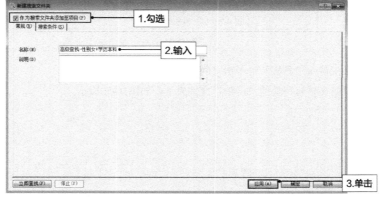

图 16-52

添加结果如图16-53所示。

图 16-53

将"高级查找"条件保存为"搜索文件夹"意味着如果你想随时执行查找，只需打开"搜索文件夹"即可。例如，你可以创建一个"搜索文件夹"来查找你创建的具有人员分类的任何案例节点。无论何时打开"搜索文件夹"，都会看到满足该时间点搜索条件的案例节点列表。如果更改项目（如添加或删除节点），则"搜索文件夹"中显示的项目也会更改。

可以修改"搜索文件夹"的搜索条件，以查找更多（或更少）项目内容。

删除"搜索文件夹"，不会删除"搜索文件夹"中显示的项目内容，因为这些内容只是在"搜索文件夹"中查看（但不存储）。

可以使用"搜索文件夹"选择要在"图表"和"聚类分析"图表中显示的项目。你还可以在查询范围中使用"搜索文件夹"，即你可以动态地创建查询范围。当项目中的项目被添加、删除或修改时，"搜索文件夹"中的项目将发生相应更改，如果再次运行查询，"搜索文件夹"可能会显示不同的结果。

16.4 本章习题

（1）使用示例项目实践矩阵编码查询。

（2）如果有调查数据，请使用交叉分析查询来查看针对某一固定回答，开放式问题在不同组的不同答案。

（3）使用"高级查找"中的"高级"选项卡查找所有男性案例，并且学历是研究生，将此保存为"搜索文件夹"。

（4）有15名城市学员和15名农村学员的面试记录，每名学员有3次面试机会。

• 运行一个矩阵编码查询，其中两列表示城市与农村，行表示节点，表中只包含第一轮面试收集的数据。

• 在备忘录中，描述你能想到的生成这个矩阵的所有方法。提供要采取的步骤的列表（不是完整的操作说明，而是足够的详细信息，以便其他用户可以遵循你的指示）。

• 是否有其他考虑因素（或将来可能发生的事情）可能会导致你选择特定的选项？

第 17 章

复合查询和分组查询

内容概括

本章介绍两种比较复杂的查询方法：复合查询和分组查询。复合查询可以将文本搜索和编码查询组合，从而使用多种查询方法。分组查询可以帮助寻找节点和源文件在整体上的关系。

17.1 复合查询

使用复合查询来组合文本搜索和编码查询对搜索编码内容中（或附近）的术语非常有帮助。复合查询还可以组合两个文本搜索查询或两个编码查询。复合查询有以下组合方式：

- 组合文本搜索和编码查询以搜索编码内容中或附近的文本；
- 组合两个文本搜索查询以搜索一个词在另一个词之前的内容；
- 组合两个编码查询以搜索在一个节点编码的内容，在另一个节点编码的附近内容。

建立复合查询。单击"探索"选项卡上"查询"组中的"复合"，在弹出的"复合查询"对话框中单击"子查询1"右侧的"条件"按钮，如图17-1所示。

在弹出的"子查询特性"对话框中输入"能力"，单击"确定"按钮，如图17-2所示。

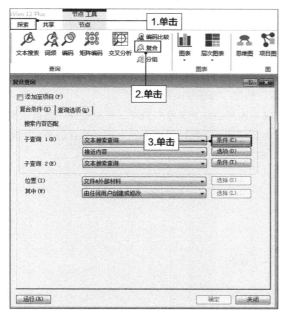

图 17-1

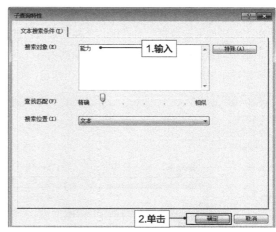

图 17-2

回到"复合查询"对话框，在"子查询2"下拉列表中选择"编码查询"，单击"条件"按钮，如图17-3所示。
在"子查询特性"对话框中选择编码条件为"所有这些代码"，然后单击"选择"按钮，如图17-4所示。

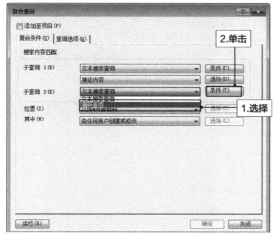

图 17-3

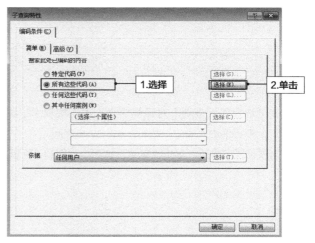

图 17-4

在"选择项目项"对话框中选择编码。单击左侧的"职业生涯访谈"文件夹,在右侧的列表中勾选"职业素养",然后单击"确定"按钮,如图17-5所示。

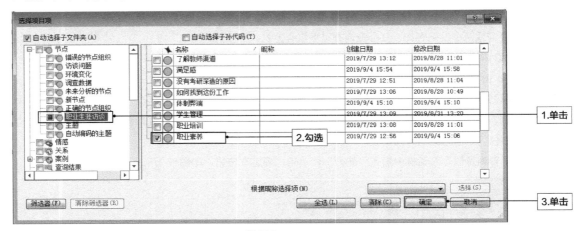

图 17-5

选择两个子查询的关系类型为"接近内容",单击"选项"按钮,如图17-6所示。

弹出"编码搜索运算符"对话框,"邻近查询"默认情况下选择的是"重叠"选项,此处选择"在自定义邻近区中",然后勾选"显示两个查找结果之间的内容"。选择"显示两个查找结果之间的内容"的目的是帮助我们理解两个搜索项结果的内容,然后单击"指定"按钮,如图17-7所示。

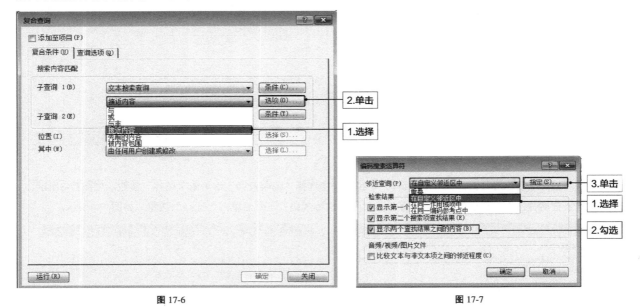

图 17-6　　　　　　　　　　　　图 17-7

在"选择邻近查询"对话框的"文本"选项卡中输入"字数"的邻近范围,系统默认的是"5",此处输入"20",最后单击"确定"按钮,如图17-8所示。

选项设置完成后,单击"确定"按钮,如图17-9所示。

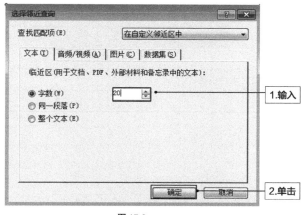

图 17-8

图 17-9

单击"运行"按钮运行查询,如图17-10所示。

复合查询结果如图17-11所示。

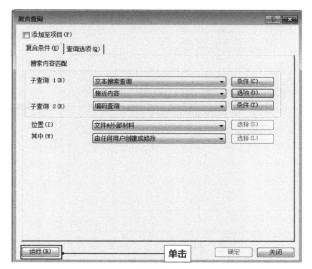

图 17-10

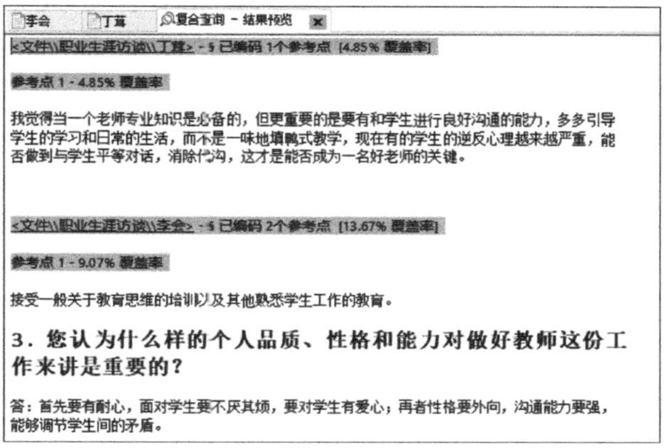

图 17-11

17.2 分组查询

使用"分组查询"可以查找以特定方式与项目中的其他项关联的项。这些项可以通过编码、属性值、关系、"另见链接"或图形进行关联。例如,与李会的访谈和与丁茸的访谈涵盖了非常不同的问题,因此编码方式也不同。你可以用一个分组查询来探索这个判断。运行查询时,结果将显示在详细视图中,编码节点分组在"与李会的访谈"和"与丁茸的访谈"下。分组查询查找各种类型的示例表如表17-1所示。

表17-1 分组查询查找各种类型的示例表

查询	示例
项目编码	用什么节点来编写李会和丁茸的访谈
项目编码在	哪些访谈是在水资源保护或水处理方面经过编码的
按属性值列出的项	找到任何居住在河边或山景的参与者
关系	在项目中找到任何与水质有关的关系

(续表)

查询	示例
另见链接	找到任何日记、笔记或术语表中的另见链接
图形项目	列出项目内容中包含的项目图,以及相关人员对水污染的看法
图形	找到任何包含房主、渔民或农民的图形

注意

不能使用查询向导运行分组查询。

建立分组查询。单击"分组"按钮,并在"作用域"的下拉列表中选择"选定的文件夹",如图17-12所示。

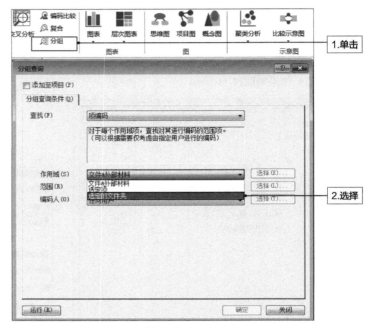

图 17-12

在"选择文件夹"对话框中勾选作用域的文件夹"职业生涯访谈",单击"确定"按钮,如图17-13所示。选择范围。在"范围"下拉列表中选择"选定项",如图17-14所示。

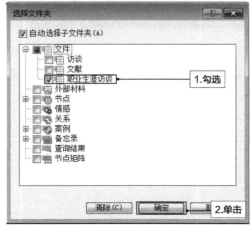

图 17-13

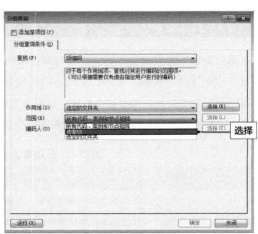

图 17-14

在"选择项目项"对话框中选择选定项的编码,单击"职业生涯访谈",然后勾选"职业素养",单击"确定"按钮,如图17-15所示。

图 17-15

在"编码人"的下拉列表中选择"选定的用户",单击"选择"按钮。在"选择项目项"对话框中勾选对应的用户,单击"确定"按钮,如图17-16和图17-17所示。

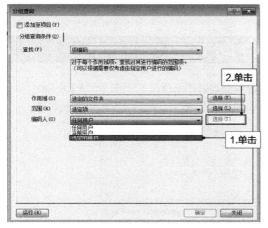

图 17-16

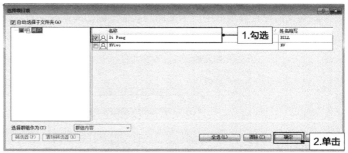

图 17-17

单击"运行"按钮运行查询,如图17-18所示。

运行"分组查询"时,结果将显示在"详细信息"视图中。显示的结果如图17-19所示。

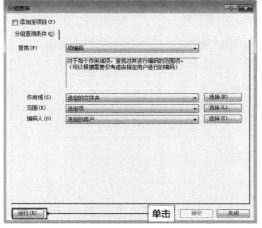

图 17-18

图 17-19

图17-19中的"作用域项"包含了要查找关联的项目,如与李会的访谈和与王红梅的访谈。"范围项"包含要在第二级查看的项(如果它们与范围项有关联)。这可能是项目中的所有节点,或者只是一些选定的节点,如职业素养、学生管理、体制弊端。范围项可以在作用域项下组合在一起。"查找"是指与每个范围项关联的作用域项的数量,例如,有多少范围节点与"与李会的访谈"进行了编码。

单击右侧的"连接图"选项卡可以显示"范围项"和"作用域项"之间任何的连接,如图17-20所示。

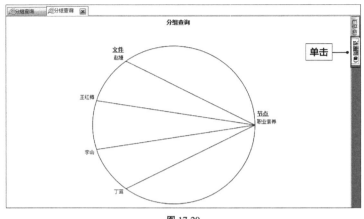

图 17-20

17.3 使用分组查询和高级查询来查询关系

如果我们想查询项目中一个案例与其他案例的关系时,可以使用分组查询或高级查询,只是显示结果不同。

单击"查找"下拉列表中的"关系",单击"作用域"下拉列表中的"选定项",如图17-21和图17-22所示。

图 17-21

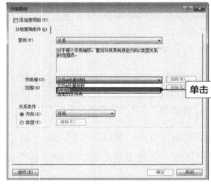

图 17-22

在"选择项目项"对话框中选择案例,如图17-23所示。

图 17-23

单击"范围"下拉列表中的"选定项",如图17-24所示。

在"选择项目项"对话框中选择案例,如图17-25所示。

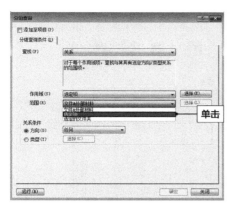

图 17-24

图 17-25

单击"运行",如图17-26所示。关系查询结果如图17-27所示。

图 17-26

图 17-27

单击"连接图"选项卡,关系将以图形方式显示,如图17-28所示。

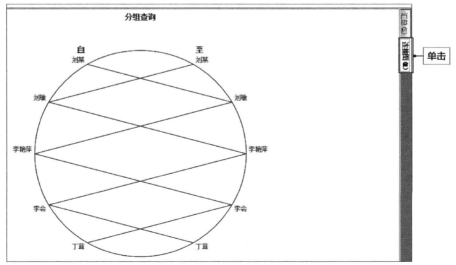

图 17-28

也可以运行"高级查找"查看案例之间的关系，只是显示方式不同。单击"高级查找"，然后在"查找"下拉列表中单击"关系"，如图17-29所示。

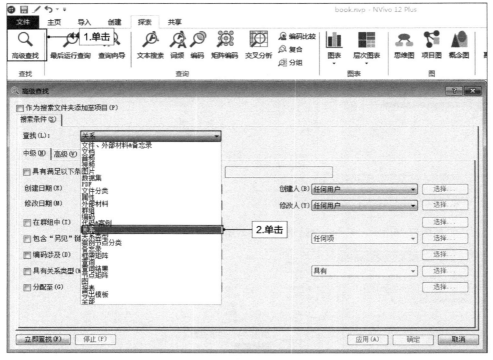

图 17-29

单击"高级"选项卡，在"交互"下拉列表中单击"关系"，如图17-30所示。

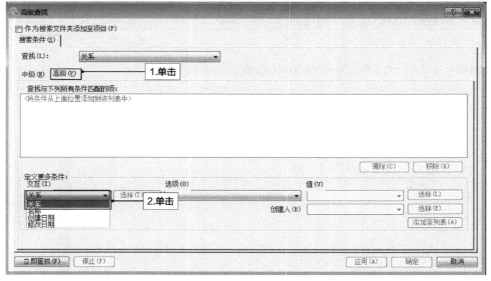

图 17-30

在"选项"下拉列表中单击"任何关系类型",如图17-31所示。

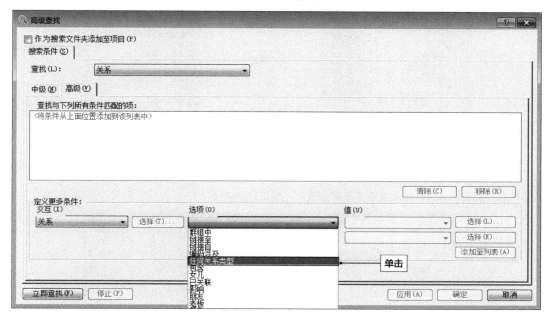

图 17-31

在"值"下拉列表中单击"与以下项的双向关系",如图17-32所示。

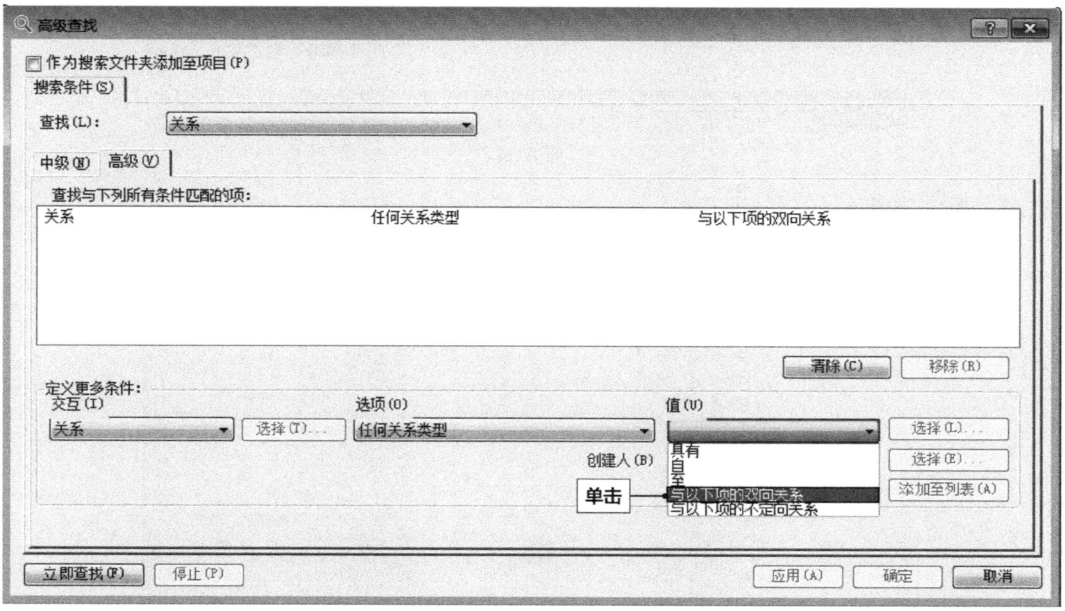

图 17-32

在弹出的"选择项目项"对话框中选择关系案例,单击右侧的"人"子文件夹,然后单击"确定"按钮,如图17-33所示。

图 17-33

单击"添加至列表"按钮,然后单击"立即查找",如图17-34所示。

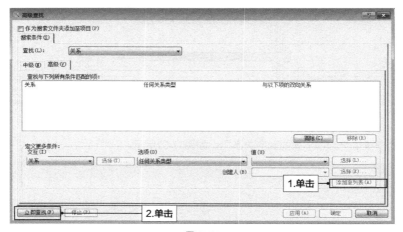

图 17-34

查找结果如图17-35所示。

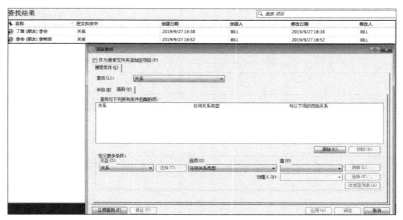

图 17-35

17.4 本章习题

在NVivo 12提供的示例项目中,查看所有编码为"经济"的节点或"经济"的子节点数据,但是只显示"渔业"50字以内的数据。

(1)需要使用哪种查询?给出查询的步骤或查询组合?

(2)哪篇新闻文章包含此查询的结果?

第18章 聚类分析

内容概括

聚类分析是一种探索性的定量技术,其主要目的是根据对象的相似程度对其进行分组。对象越相似,它们在聚类分析中显示得越近。你可以使用它来可视化项目中的模式,方法是将有着相似单词、相似属性值或按节点进行类似编码的文件或节点分组。聚类分析图提供了文件或节点的图形化表示,以便查看相似性和差异。

使用聚类分析图可以显示：

- 文件之间的相似性和差异，如来自不同社区成员的答案有多相似；
- 节点之间的相似性和差异，如在海平面上升、洪水控制、土壤侵蚀和土地复垦方面的编码有多相似；
- 基于属性值的调查对象的人口分布。

18.1 通过词频查询查看聚类分析

运行词频查询时，结果选项卡之一是对跨多个源使用的单词进行聚类分析。默认用水平树状图显示结果，默认聚类数为10。聚类是彩色编码的，在解释聚类时，需要将其作为一个整体来解释。所以你可以从同一个颜色编码的词开始。最靠近右边的单词通常出现在同一个源中。请注意，这并不意味着它们在源中彼此靠近，而是它们可能出现在同一源中的某个地方。

使用聚类分析来初步查看数据，这是一种查看可能发生的不同对话类型的方法。但是，如果你已经沉浸在数据中，那么聚类分析将更有意义，你可以双击这些单词从而在文中看到它们。

通过词频运行聚类分析的具体步骤如图18-1至图18-5所示。

单击"探索"选项卡"查询"组中的"词频"，在"词频查询结果"界面中单击"选定项"，在弹出的"选择项目项"对话框中勾选"职业生涯访谈"子文件夹，然后单击"确定"按钮，如图18-1所示。

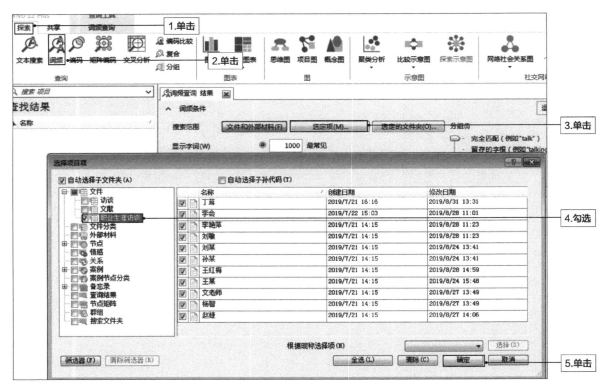

图 18-1

输入"显示字词"的数量为"100",并单击"运行查询",如图18-2所示。

图 18-2

拖曳右下方的缩放滑动条,以显示最佳的视图,如图18-3所示。

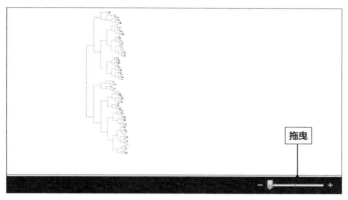

图 18-3

修改"聚类"数为"5",然后单击"运行查询",如图18-4所示。减少聚类数量可以获得更多的词分组,有利于你获得关于一些宽泛主题的想法。

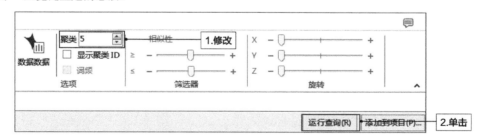

图 18-4

例如,"会计"和"就业"两个词被聚类在一起,可以解释为"会计就业"是被提到最多的,它们出现在同一源中,但并不是两个邻近词,如图18-5所示。双击"会计"可以显示该词的源。

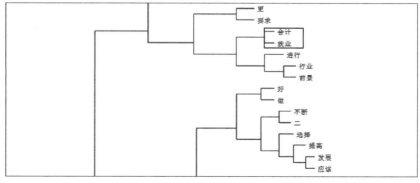

图 18-5

18.2 词相似性聚类分析

如果你有大量的访谈，可以做一个词相似性的聚类分析，以了解哪些访谈涉及类似的问题。同样，如果你正在做一个文献综述，可以使用文章的聚类分析来指导你阅读和解释相似的文章。请注意，虽然访谈或文章使用了相似的词，但它们实际上可能以不同的方式使用。词相似性分析可以作为一个粗略的定位筛选一个大数据集。

建立词的相似性聚类分析。在"探索"选项卡上的"示意图"组中单击"聚类分析"，在弹出的"聚类分析向导"对话框中选择要聚类的项类型，此处单击"文件、外部材料和备忘录"选项，单击"下一步"按钮，如图18-6所示。

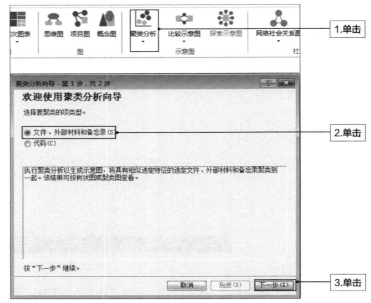

图 18-6

单击"选择"按钮选择要聚类分析的文件，勾选"职业生涯访谈"子文件夹，然后单击"确定"按钮，如图18-7所示。

图 18-7

文件选择完成后,单击"完成"按钮,如图18-8所示。

从图18-9所示的结果可以看出,刘某和王某的词相似程度高,王红梅和赵婕的词相似程度高,他们的颜色相同且被聚类在一起。

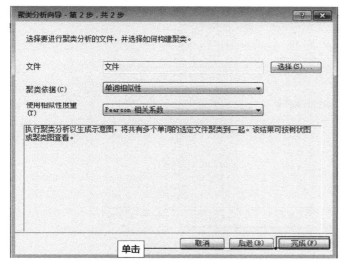

图 18-8

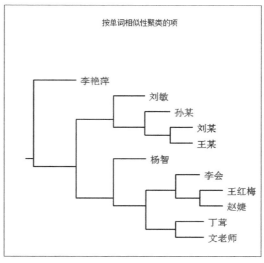

图 18-9

单击"汇总"选项卡显示Pearson 相关系数。系数列表可以验证树状图的结果,王某和刘某的访谈相关系数最高,为0.639843;其次是赵婕和王红梅,相关系数是0.634448,如图18-10所示。

文件 A	文件 B	Pearson 相关系数
文件\\职业生涯访谈\\王某	文件\\职业生涯访谈\\刘某	0.639843
文件\\职业生涯访谈\\赵婕	文件\\职业生涯访谈\\王红梅	0.634448
文件\\职业生涯访谈\\王红梅	文件\\职业生涯访谈\\李会	0.623664
文件\\职业生涯访谈\\王某	文件\\职业生涯访谈\\孙某	0.613949
文件\\职业生涯访谈\\刘某	文件\\职业生涯访谈\\王红梅	0.606595
文件\\职业生涯访谈\\赵婕	文件\\职业生涯访谈\\李会	0.599347
文件\\职业生涯访谈\\杨智	文件\\职业生涯访谈\\王红梅	0.589143
文件\\职业生涯访谈\\赵婕	文件\\职业生涯访谈\\文老师	0.588199
文件\\职业生涯访谈\\王某	文件\\职业生涯访谈\\李会	0.587187
文件\\职业生涯访谈\\孙某	文件\\职业生涯访谈\\刘某	0.577872
文件\\职业生涯访谈\\赵婕	文件\\职业生涯访谈\\王红梅	0.573891
文件\\职业生涯访谈\\王红梅	文件\\职业生涯访谈\\刘敏	0.573684
文件\\职业生涯访谈\\王某	文件\\职业生涯访谈\\丁萱	0.559902
文件\\职业生涯访谈\\文老师	文件\\职业生涯访谈\\王红梅	0.55428
文件\\职业生涯访谈\\王红梅	文件\\职业生涯访谈\\孙某	0.541178
文件\\职业生涯访谈\\刘某	文件\\职业生涯访谈\\李会	0.539272
文件\\职业生涯访谈\\赵婕	文件\\职业生涯访谈\\王某	0.539098
文件\\职业生涯访谈\\赵婕	文件\\职业生涯访谈\\杨智	0.514687
文件\\职业生涯访谈\\孙某	文件\\职业生涯访谈\\文老师	0.506608
文件\\职业生涯访谈\\文老师	文件\\职业生涯访谈\\丁萱	0.501001
文件\\职业生涯访谈\\赵婕	文件\\职业生涯访谈\\丁萱	0.49541
文件\\职业生涯访谈\\文老师	文件\\职业生涯访谈\\李会	0.493718

图 18-10

18.3 编码相似性聚类分析

查看编码相似性是对访谈或文章进行分组的更准确方法。编码相似性聚类分析和词相似性聚类分析都是检查编码的方法,都可以在树状图中选择源,右击"矩阵查询"可以比较类似代码的源。

建立编码相似性聚类分析。单击"探索"选项卡上的"聚类分析",之后按照"聚类分析向导"中提示的步骤进行操作,如图18-11所示。

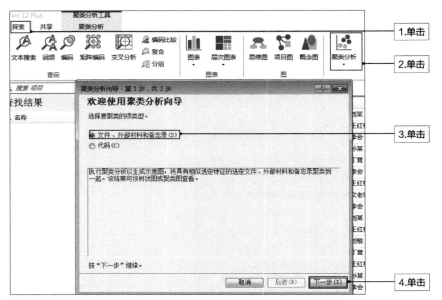

图 18-11

选择聚类分析的文件,具体步骤如图18-12所示。

图 18-12

在"聚类依据"的下拉列表中单击"编码相似性",如图18-13所示。单击"完成"按钮,结果如图18-14所示。

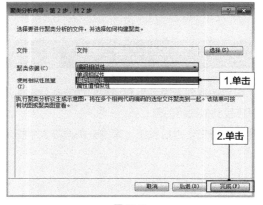

图 18-13

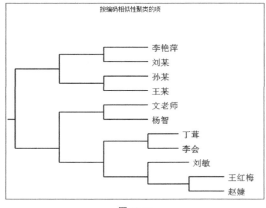

图 18-14

单击"汇总"选项卡,可以发现李会的访谈和丁茸的访谈在编码方面相似度最高(0.375),如图18-15所示。

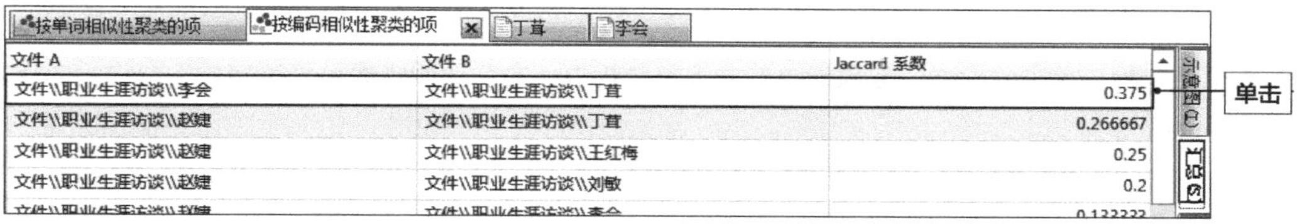

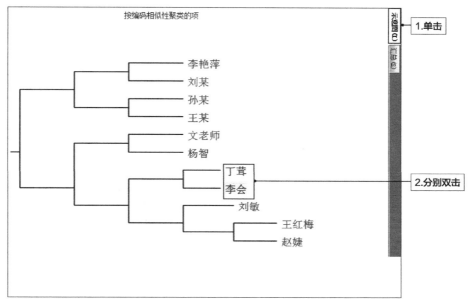

图 18-15

单击"示意图",然后分别双击"李会"和"丁茸"查看源文件的编码情况,如图18-16所示。

图 18-16

李会的源文件编码内容如图 18-17所示。丁茸的源文件编码内容如图18-18所示。

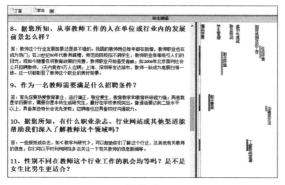

图 18-17

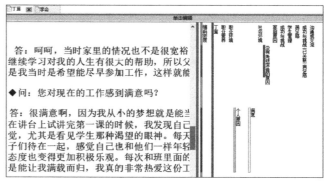

图 18-18

通过"编码带"可以看出两个案例在"职业环境"和"职业素养"编码上相似性高。

18.4 节点聚类分析

在编码的早期阶段,可以使用节点聚类分析。你可以使用它来检查是否有相似的节点,以及是否可以考虑合并。

通过编码相似度对节点进行聚类分析是一种查看在同一源中能否出现不同的主题的方法，但这并不意味着编码出现在彼此附近，而是它们出现在同一个源中。

建立节点聚类分析。单击"探索"选项卡上的"聚类分析"，之后按照"聚类分析向导"中提示的步骤进行操作，如图18-19所示。

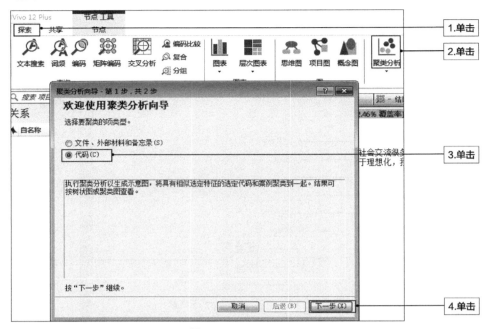

图 18-19

选择聚类分析的节点，具体步骤如图18-20所示。

图 18-20

在"聚类依据"的下拉列表中单击"编码相似性"，然后单击"完成"按钮，如图18-21所示。

节点聚类分析结果如图18-22所示。

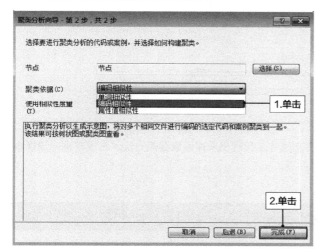

图 18-21

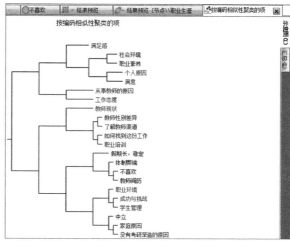

图 18-22

单击"汇总"选项卡，可以发现"教师阅历"与"工作态度\不喜欢"的节点相似度极高。单击"示意图"选项卡，通过"运行矩阵编码查询"可以发现两个节点在源文件中哪些地方高度相似，如图18-23和图18-24所示。

代码 A	代码 B	Jaccard 系数
节点\\职业生涯访谈\\教师阅历	节点\\职业生涯访谈\\工作态度\不喜欢	1
节点\\职业生涯访谈\\了解教师渠道	节点\\职业生涯访谈\\教师性别差异	1
节点\\职业生涯访谈\\没有考研深造的原因	节点\\职业生涯访谈\\从事教师的原因\家庭原因	1
节点\\职业生涯访谈\\如何找到这份工作	节点\\职业生涯访谈\\教师性别差异	1
节点\\职业生涯访谈\\如何找到这份工作	节点\\职业生涯访谈\\了解教师渠道	1

图 18-23

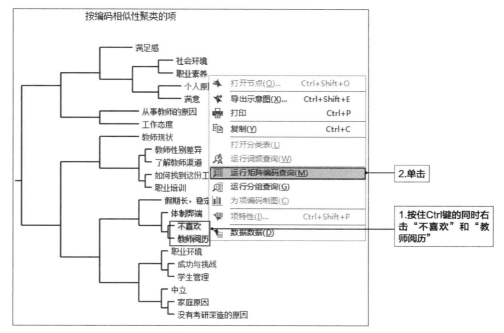

图 18-24

矩阵编码查询结果显示："不喜欢"和"教师阅历"都出自王红梅的访谈。双击编码数字可以查看编码源文件，了解是否有重叠的编码或需要合并的编码，如图18-25所示。

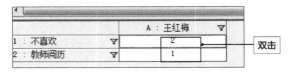

图 18-25

聚类分析应只作为一种结合编码、反馈、视图、编写备忘录等迭代过程来探索数据的方法。在没有进一步探索的情况下，它不应被视为最终结果。

18.5 本章习题

（1）使用自己的项目数据通过词频查询查看聚类分析。
（2）使用自己的项目数据运行词相似性聚类分析。
（3）使用自己的项目数据运行编码相似性聚类分析。
（4）使用自己的项目数据运行节点聚类分析。

第19章

关系分析和网络社会分析

---内容概括---

关系分析目前在NVivo 12 Pro和NVivo 12 Plus中都可用。网络社会分析目前只在NVivo 12 Plus中提供。网络社会分析是一种分析人与组织之间关系的方法。它以图论为基础,图论是数学的一个分支,但它也有被人类学家和社会学家用于质性研究的历史。英国曼彻斯特大学人类学学院以其在20世纪50年代和20世纪60年代所做的质性研究在社会网络分析方面的工作而闻名。伊丽莎白·博特的著作《家庭与社会网络》是当时一个典型的网络社会分析质性研究的例子。

随着统计学的发展,在分析社会网络数据时,量化研究已经转向主导地位。但质性研究分析侧重于理解关系的复杂性。通过NVivo 12 Plus中的网络社会分析功能,可以采用混合方法进行网络社会分析。

19.1 网络社会关系图

在NVivo中，网络社会关系图中的圆圈被称为"节点"，它们在NVivo中用案例表示。节点可以代表人、组织、社区等基本上任何你想探索的东西，如图19-1所示。

网络社会关系图中的线叫作"连接线"，它们连接NVivo中的关系节点。"连接线"表示要检查的关系类型，例如人员之间或组织之间的行为、人们彼此之间的连接类型（如友谊、亲戚、邻居）等，如图19-1所示。

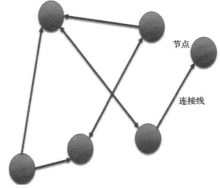

图 19-1

连接线可以是有方向的，也可以是无方向的。例如，单向→（影响、发送电子邮件至），双向或对称方向↔（已婚、朋友），无方向（关联）——（从属关系）。

连接线也可以是未加权的，例如，关系是否存在，或者给连接线赋予加权值（如关系的数量）。

19.2 网络的种类

NVivo中的社会关系图可以帮助你分析社交网络，社会关系图是人与人之间或其他实体之间社会联系的图形表示。社会关系图可以对一组案例及其关系执行社交网络分析。

1. **个体中心社会关系图**

   如果你希望关注一个节点（个人或组织），并希望探索其与其他节点（个人或组织）的所有关系，则可以使用"个体中心社会关系图"。建立"个体中心社会关系图"的步骤如图19-2所示。

   星状节点就是"个体中心"，你可以在"步骤"下拉列表中指定节点离"个体中心"的距离（1步到3步），如图19-3所示。

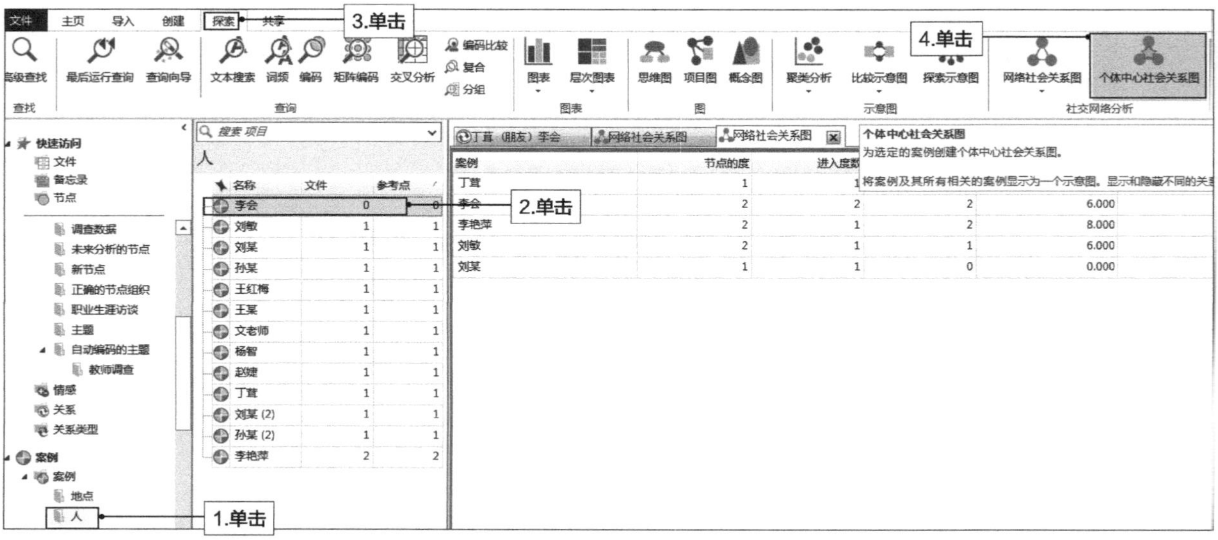

图 19-2

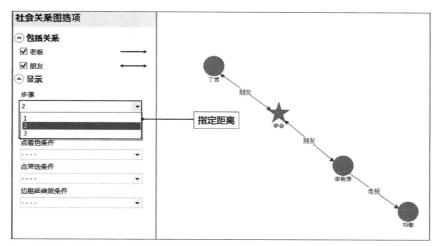

图 19-3

2. 网络社交图

网络社交图没有焦点，所有节点都相等。在NVivo中，它们也可称为完整网络或部分网络。完整网络是指整个群体，如所有的微博用户；部分网络则可以指使用特定标签的微博用户，如图19-4所示。

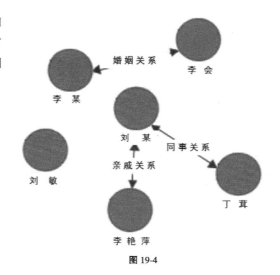

图 19-4

3. 多路网络

将不同类型的关系（连接线）显示在一起的网络称为多路网络。例如，社区多路网络可以使用"邻居""好友""已关联"作为在网络中的3种类型关系。在图19-5所示的多路网络中，有两种类型的关系（连接线）：蓝色和绿色。

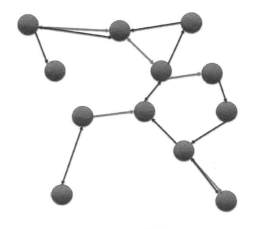

图 19-5

19.3 建立节点关系

关系是一种特殊类型的代码,用于定义两个项目项之间的连接。你可以建立关系来展示节点之间的关系,并收集有关项目项之间关系的证据。

建立节点关系,单击"创建"选项卡上"代码"组中的"关系",在弹出的"新建关系"对话框中单击"自"右侧的"选择"按钮,如图19-6所示。

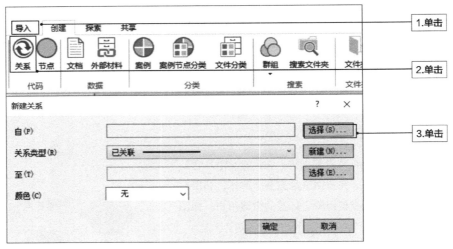

图 19-6

在"选择项目项"对话框中选择"自"关系,单击左侧的"职业生涯访谈"节点,在右侧列表中单击"成功与挑战",然后单击"确定"按钮,如图19-7所示。

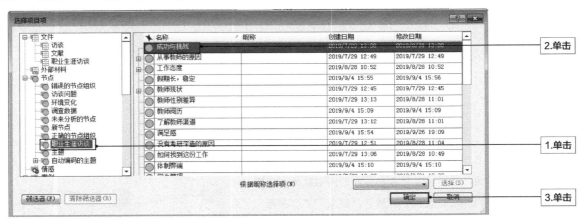

图 19-7

在"关系类型"的下拉列表中单击"已关联",然后单击"至"右侧的"选择"按钮,如图19-8所示。

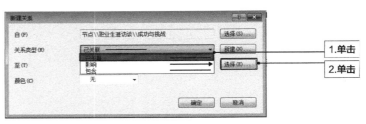

图 19-8

在"选择项目项"对话框中选择"至"关系,单击左侧的"职业生涯访谈"节点,在右侧列表中单击"满足感",然后单击"确定"按钮,如图19-9所示。

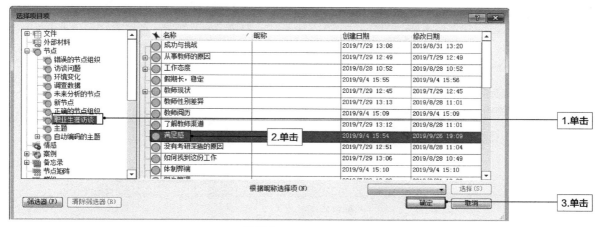

图 19-9

回到"新建关系"对话框,单击"确定"按钮,如图19-10所示。

图 19-10

此时单击"关系"文件夹就会显示刚刚建立的节点关系,如图19-11所示。

图 19-11

之后通过编码查询查找与以上两个节点关系有关的编码,具体步骤如图19-12至图19-15所示。

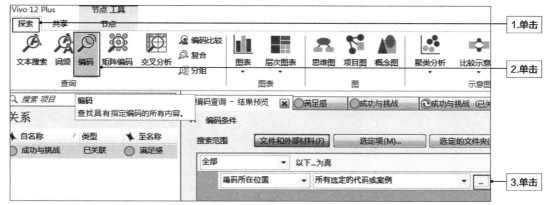

图 19-12

选择编码,如图19-13所示。

图 19-13

运行查询,如图19-14所示。

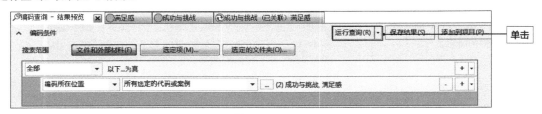

图 19-14

阅读查找结果,如发现该段编码与节点关系吻合,可以选中该段编码并拖曳到节点关系中,如图19-15所示。

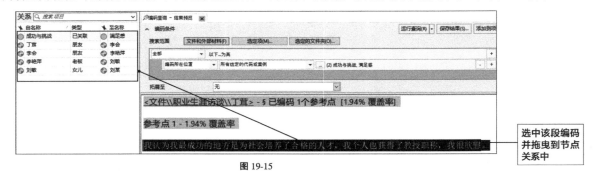

图 19-15

19.4 建立社会关系

社会关系记录了项目中的案例是如何连接的。建立社会关系,单击"创建"选项卡上"代码"组中的"关系",在弹出的"新建关系"对话框中单击"自"右侧的"选择"按钮,如图19-16所示。

在"选择项目项"对话框中选择"自"关系,单击左侧的"人",在右侧列表中单击"丁茸",然后单击"确定"按钮,如图19-17所示。

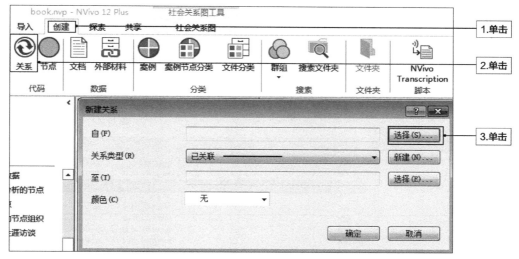

图 19-16

图 19-17

选择关系类型。单击"新建"按钮,在弹出的"新建关系类型"对话框中输入名称为"朋友",单击"方向"右侧的下拉按钮,选择"对称",最后单击"确定"按钮,如图19-18和图19-19所示。

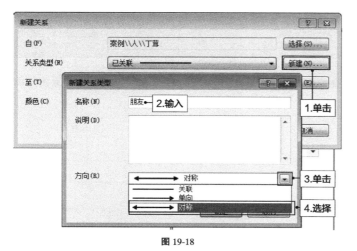

图 19-18

图 19-19

选择"至"关系。单击"至"右侧的"选择"按钮，然后在弹出的"选择项目项"对话框中选择"至"关系，具体操作如图19-20和图19-21所示。

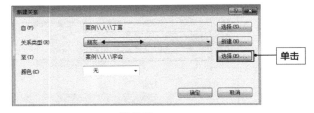

图 19-20

图 19-21

单击"确定"按钮，如图19-22所示。

单击"关系"文件夹，丁茸和李会的案例关系就会显示出来，如图19-23所示。

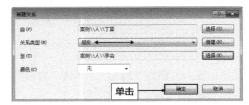

图 19-22

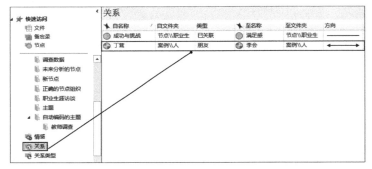

图 19-23

19.5 建立网络社会关系图

社会关系（案例关系）建立后，可以通过网络社会关系图探索网络案例之间的关系。建立网络社会关系图，单击"探索"选项卡上的"网络社会关系图"，如图19-24所示。

图 19-24

选择案例，具体操作如图19-25所示。

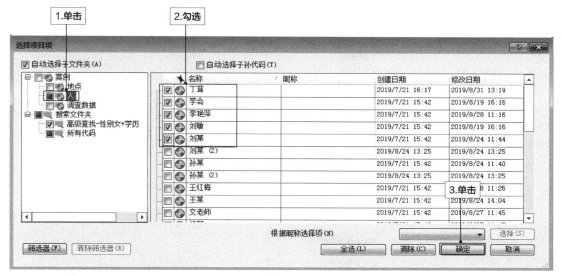

图 19-25

生成的网络社会关系图如图19-26所示。

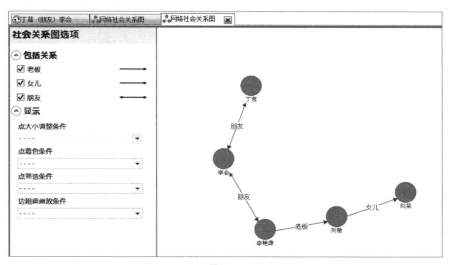

图 19-26

1. 了解指标

"中心度""中间度"和"接近度"3个指标用于描述不同的影响，以分别回答以下问题。
- 这个人能直接联系多少人？
- 哪个人最有可能拥有关联他们的最多信息？
- 这个人能多快联系到网络中的每个人？

2. 中心度（节点的度）测量——度测量

"度测量"是测量节点直接连接到的节点数。度通常被用来衡量一个节点的连通度，因此，它可以用来寻找能够传播信息和影响他人的关键人物（或组织）。这有助于确定哪些案例能够在网络中传播信息和影响他人。例如，这个人能直接联系多少人？

有3种程度的衡量标准：
- 节点的度——计算一个节点直接连接的所有节点数；

• 进入度数——统计指向节点的连接数；

• 出去度数——统计指向节点以外的连接数。

设置点大小调整条件，如图19-27所示。

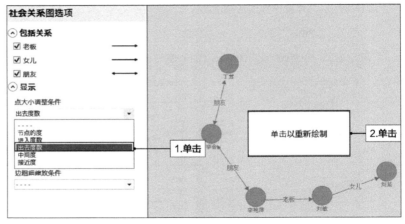

图 19-27

对比图19-27和图19-28可以发现李会和李艳萍在整个社会网络中连通度高，影响力大。图形大小的直观变化也显示了他们的连通度或影响力。

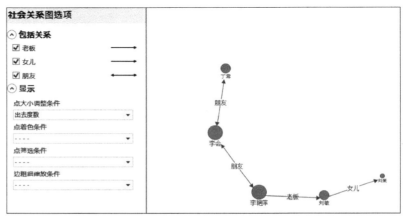

图 19-28

3. 中心度测量——中间度

"中间度"度量用于计算一个节点在其他两个节点之间的最短路径上充当"桥"的次数。高中间度值意味着该节点是一个关键的影响因素，因为它提供了到大量其他节点的最短路径。

在图19-29所示的网络中，节点A作为1和2、1和3、1和4、1和B之间的直接桥，中间度得分最高。节点B作为1和5、5和A之间的直接桥。

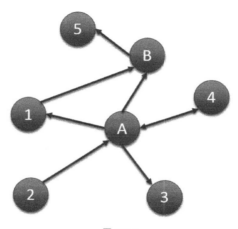

图 19-29

所以节点A是一个关键的影响因素。它提供了对大多数节点的直接访问，而无须中介。NVivo使用SNAP（Stanford Network Analysis Project，斯坦福网络分析项目）和Brandes算法计算"中间度"。在NVivo中，"中间度"得分是按最短路径的比例计算的。最短路径的确定与连接的方向无关。

根据"中间度"进行着色，如图19-30所示。

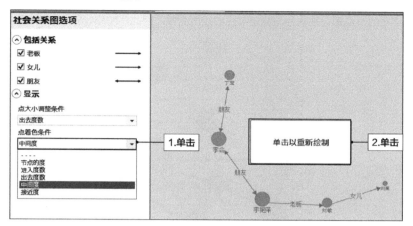

图 19-30

根据中间度影响力计算，可以发现李艳萍在网络中的影响力最高，且呈蓝色显示。丁茸和刘某的颜色最浅，呈白色显示，说明他们在网络中的影响力最弱，如图19-31所示。

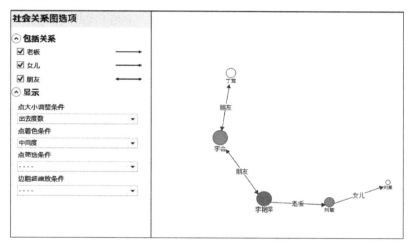

图 19-31

单击"社会关系图"选项卡上的"中心性"，查看网络社会关系图的测量值，如图19-32所示。

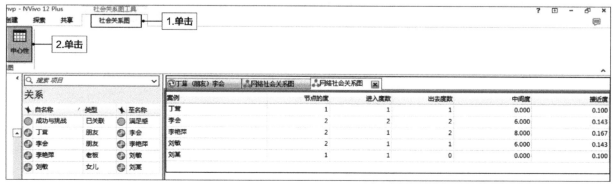

图 19-32

4. 中心度测量——接近度

"接近度"用于测量一个节点到网络中其他所有节点的距离。它可以作为指标观测谁能最容易、最快速地访问网络中的信息。例如，这个人能多快联系到网络中的每个人？为了计算接近度，NVivo计算的是从所讨论的特定节点到网络中连接的其他每个节点的最短距离之和，如图19-33所示。

未通过任何路径连接的节点都会被认为与特定节点的距离为零。因此，NVivo仅在连接的节点之间计算接近度。

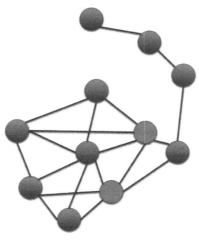

图 19-33

图19-34中的两个绿色节点的接近度得分最高，因为它们不仅可以"到达"稠密的节点网络，而且还可以到达稠密网络之外的4个节点的分支。

5. 密度

"密度"计算方法为网络中连接的节点对的数量除以现有连接的总数。密度分值表示网络中的连接程度，完美的密度的得分是1。

6. 相互关系

"相互关系"计算网络中被相互交换的连接线的百分比（双向）。

7. 状态栏

在社会关系图下的状态栏中可以找到"密度"和"相互关系"，如图19-34所示。

```
BILL    4 项   密度: 0.417   相互关系: 0.800
```

图 19-34

19.6 本章习题

运用已给示例的数据或自己的数据建立节点关系、社会关系和网络社会关系图。

第20章

框架矩阵

内容概括

框架矩阵方法是由英国国家社会研究中心（National Centre for Social Research，NatCen）的定性研究部门的简·里奇（Jane Ritchie）和利兹·斯宾塞（Liz Spencer）开发的一种方法。

框架矩阵不是一种研究方法，而是一种组织和管理经过简化或总结的质性数据的方法。这种方法在计算机支持质性数据分析之前就已经发展出来了。最初，它是把一大张纸分为一个个不同单元格矩阵来完成的，这个矩阵是按主题组织的，汇总写在矩阵格里。研究者可以在网格行内查找案例内部分析，也可以在网格列内查找跨案例分析，如图20-1所示。

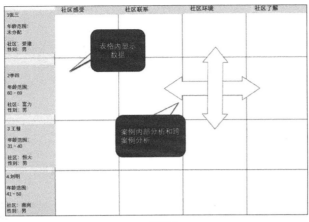

注意
框架矩阵仅在NVivo 12 Pro和NVivo 12 Plus中可用。

图 20-1

20.1 建立框架矩阵

框架矩阵可以帮助你将大量的访谈材料压缩成更易于管理的表格文件，并帮助你深入了解和熟悉数据。框架矩阵由一个网格组成，其中包含案例行（如你采访过的人）和主题节点列。网格中的每个单元格表示案例和主题的交叉点，当你在单元格中输入文本时，可以创建与案例和主题相关的内容摘要。

使用框架矩阵显示文件可以更容易地：
- 通过列来了解主题的所有内容；
- 通过跨行来查看特定个人的不同主题之间的关系；
- 通过查看一行和另一行来比较不同个体的经历。

创建框架矩阵。单击"创建"选项卡上"注释"组中的"框架矩阵"，在弹出的"新建框架矩阵"对话框中输入名称为"教师访谈框架矩阵"，然后单击"行"选项卡，如图20-2所示。

选择添加到"行"的案例，具体操作如图20-3和图20-4所示。

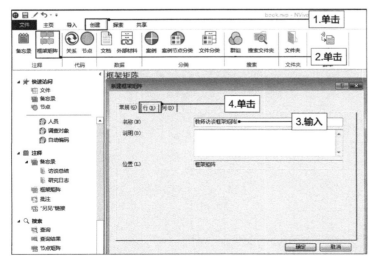

图 20-2

图 20-3

图 20-4

添加"行"的属性,如图20-5和图20-6所示。

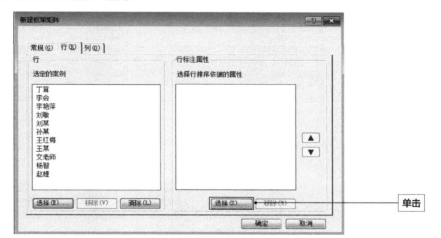

图 20-5

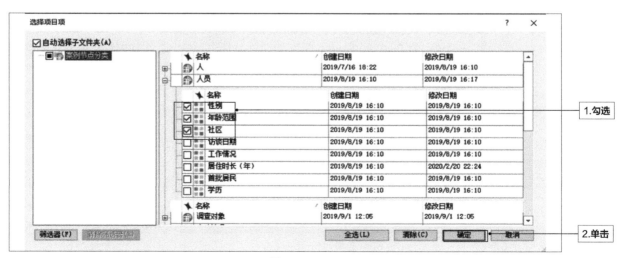

图 20-6

选择添加到"列"的节点,如图20-7和图20-8所示。

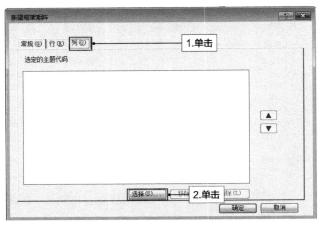

图 20-7

图 20-8

添加完成后,单击"确定"按钮,如图20-9所示。

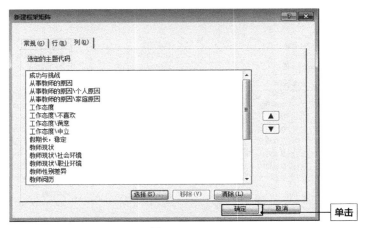

图 20-9

框架矩阵存储在导航栏的"注释"组中的"框架矩阵"文件夹中。框架矩阵结果不会自动显示,需要单击"自动汇总"才会显示,如图20-10所示。

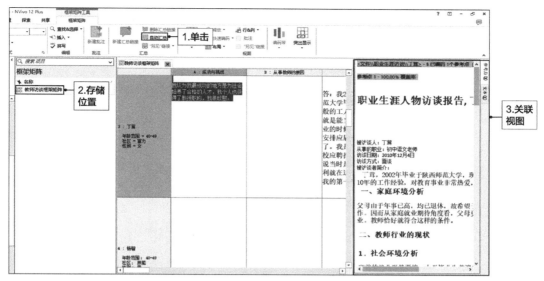

图 20-10

如果矩阵框架内文字显示是粉色的,说明它和源文件的特定段落已关联,可以通过关联视图查看自动汇总是否正确。

20.2 关联视图的相关操作

关联视图是一个节点,包含对文件进行编码而创建的编码引用。

1. 更改关联视图中显示的内容

单击关联视图,在"框架矩阵"选项卡上的"关联视图"组中单击"内容",选择"行编码""单元格编码""汇总链接",如图20-11所示。

图 20-11

2. 显示编码引用周围的上下文

在关联视图中浏览内容时,可以在编码的引用周围显示上下文。例如,可以在编码的句子周围显示整个段落。

选择引用的段落文字,在"框架矩阵"选项卡上的"关联视图"组中单击"编码临近区",然后选择所需上下文的区域即可,如图20-12所示。

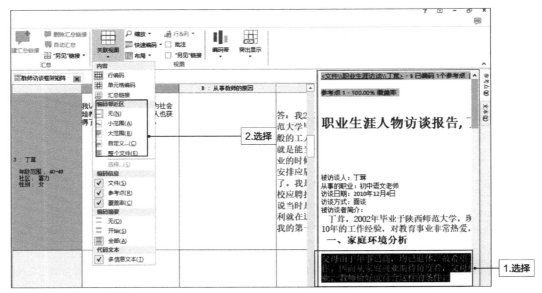

图 20-12

3. 简化显示

隐藏编码信息(文件名、引用或覆盖范围)可以简化关联视图的显示。

在关联视图中单击,在"框架矩阵"选项卡上的"关联视图"组中单击"编码信息",然后勾选要显示或隐藏的信息即可,如图20-13所示。

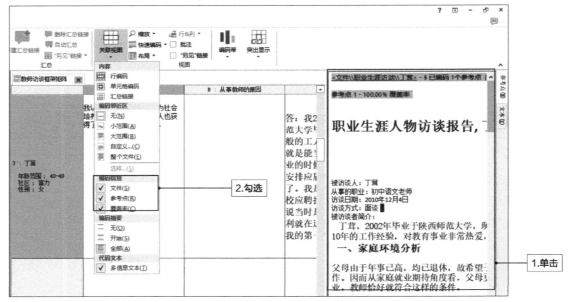

图 20-13

4. 隐藏或更改关联视图的位置

在"框架矩阵"选项卡上的"关联视图"组中单击"布局",然后单击"右侧""底部""隐藏"即可显示相应的效果,如图20-14所示。

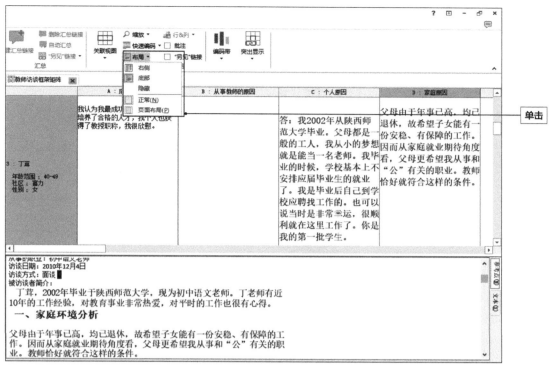

图 20-14

20.3 使用框架矩阵总结内容

使用框架矩阵的一个关键好处是能够总结内容，使其更易于管理。

1. 在矩阵单元格中输入摘要

单击要在其中输入摘要的单元格，读取关联视图中显示的内容，在单元格中输入摘要。也可以从关联视图中复制和粘贴文本，将摘要中的文本链接到关联视图中显示的内容（可选），如图20-15所示。

图 20-15

2. 从编码自动创建摘要

如果已将文件编码到主题节点（以及案例节点），则可以从行和列节点编码的内容中自动创建摘要。将行和列节点上编码的文本内容复制到相应的矩阵单元中，你可以编辑此文本以减少和合成材料，如图20-16所示。

在矩阵中单击，在"框架矩阵"选项卡上的"汇总"组中单击"自动汇总"，自动创建汇总流程完成后，将显示一条消息，指示矩阵中更新了多少摘要（单元格）。

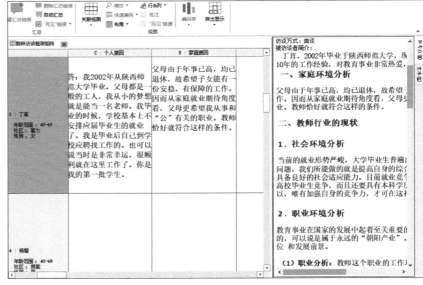

图 20-16

> **注意**
> 如果矩阵中的单元格已经包含了文本，NVivo则会将编码内容添加到现有汇总的末尾。非文本编码内容由其位置表示。对于图片或PDF区域，区域的坐标将被添加到矩阵单元格中。对于音频或视频媒体，时间跨度将被添加到矩阵单元格。

20.4 创建汇总链接

汇总链接提供了汇总中的内容与关联视图中相关内容之间的链接。

1. 将摘要文本链接到支持文件

默认情况下，关联视图将显示已编码到案例节点的文件。如果已经创建了总结，则可以选择总结内容和关联视图中的内容并链接它们。

在右侧的关联视图中，选择要汇总和链接的内容。在矩阵中选择要链接的文本（或单击要链接的段落）。在"框架矩阵"选项卡上的"汇总"组中单击"新建汇总链接"（或按Ctrl+L组合键），如图20-17所示。

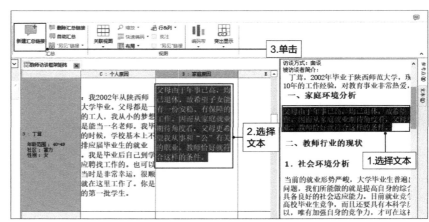

图 20-17

> **注意**
> （1）如果要删除汇总链接，请单击链接文本，然后在"框架矩阵"选项卡上的"汇总"组中单击"删除汇总链接"；
> （2）只能创建编码到行（案例）节点内容的汇总链接，如果创建指向关联视图中内容的汇总链接，然后（在行节点）取消对该内容的编码，则汇总链接和编码会被一起删除。

2. 汇总并链接非文本材料（视频、音频和图片）

关联视图的"参考点"选项卡只能显示编码的文本内容。如果你的项目包括视频或音频采访，你可以汇总媒体内容。如果你已经创建了一个转录本，编码的转录本内容将在"参考点"选项卡中可见，但编码的媒体仅在"音频"或"视频"选项卡上可见。创建"汇总链接"时，可以直接链接到媒体（选择时间轴上的内容）或链接到转录本中的文本。

如果使用图片，则可以对图像内容进行汇总。如果已创建图片日志，则编码日志内容将在"参考点"选项卡中可见，但编码图像内容仅在"图片"选项卡上可见。创建"汇总链接"时，可以直接链接到图片（单击并拖曳鼠标以选择图像的某个区域）或链接到转录本中的文本。

> **注意**
> 对于PDF文件，编码文本内容在"参考点"选项卡上可用，但页面的编码区域仅在"PDF"选项卡上可见；在"PDF"选项卡中工作时，可以在"PDF"选项卡上的"文本"和"区域"选项之间切换，在"PDF选择"组中单击"文本"或"区域"即可。

3. 突出显示汇总文本中汇总链接的位置

默认情况下，矩阵单元格中突出显示"汇总链接"的位置，"汇总链接"的位置以粉色突出显示。你可以打开或关闭此突出显示，如图20-18所示。

在矩阵中单击，在"框架矩阵"选项卡上的"视图"组中单击"突出显示"→"汇总链接"。

> **注意**
> 不能单击矩阵格，否则，矩阵格内的内容会消失。

图 20-18

4. 突出显示关联视图中的汇总链接

你可以在关联视图中突出显示链接到矩阵中文本的内容，如图20-19所示。

在矩阵或关联视图中单击，在"框架矩阵"选项卡中单击"突出显示"，然后单击下列选项之一：

- 汇总链接（显示链接到单元格的所有内容）；
- 自位置的汇总链接（显示在当前位置链接的内容或矩阵单元格中的选定内容）。

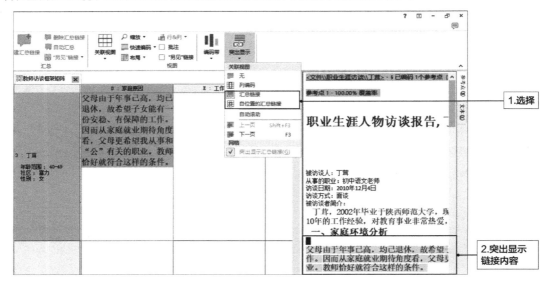

图 20-19

链接内容在关联视图中以黄色突出显示。

> **注意**
> 突出显示汇总链接时，可以使用快捷键F3（下一步）或Shift+F3组合键（上一步）从一个突出显示的引用移动到另一个引用（在关联视图的"参考点"选项卡中）。

20.5 本章习题

运用已给示例或自己的数据建立框架矩阵分析。

第21章

NVivo中的团队合作

内容概括

作为团队使用NVivo有两个选择：一个是使用NVivo for Team版本；另一个是使用NVivo独立版本，之后合并项目。NVivo for Teams是NVivo的服务器版本，它允许多个用户同时实时地处理同一个项目。项目位于组织的服务器上。NVivo for Teams目前只能在Windows操作系统中使用。如果在团队中使用独立版本的NVivo，研究人员可以：

- 轮流处理位于一台计算机上的项目；
- 制作自己的项目副本，然后合并成一个整体项目。

如果使用独立版本的NVivo，团队成员使用副本时需要知道的技术细节有：
- NVivo 12 Pro 或者NVivo 12 Plus需要输入一个项目到另一个项目完成合并；
- 所有小组成员都必须在同一版本的NVivo上工作，因为NVivo文件不兼容，也就是说，如果有个成员使用的是NVivo 11，那么他就打不开在NVivo 12建立的项目；
- 项目必须存储在计算机的硬盘上，不能在网络硬盘或云端启动；
- 不建议跨操作系统团队工作，最安全的方式是团队在同一种操作系统中使用NVivo。

21.1　NVivo独立版本中的团队合作

第一次安装NVivo时，系统会提示输入用户名及缩写，这样系统会追踪用户的操作活动。为了确保数据安全，你可以先单击"文件"，再单击"选项"，然后在"应用程序复选框"对话框中勾选"启动时提示用户"复选框，这样系统每次启动时都会强制用户登录，如图21-1所示。

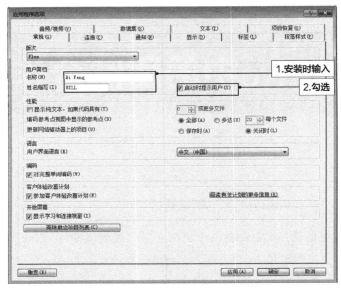

图 21-1

团队工作的几种方式：
- 轮流在同一台计算机上进行工作；
- 在不同的计算机上建立副本。

其中一名团队成员应被指定为NVivo项目管理员。此人将按照该项目的设计框架在NVivo中建立该项目，并且他将为每个团队成员制作项目的副本，并在项目名称中添加团队成员的首字母缩写和日期。

NVivo项目管理员还将负责将项目合并为一个整体项目。所有团队成员的个人项目都应复制到管理员的硬盘上，然后NVivo项目管理员将一次合并两个项目。

项目管理员的职责包括：
- 指导数据准备工作并建立模板；
- 建立项目（使用标准结构数据设计，见第2章）；
- 工作分配，包含对团队人员的指导；
- 质量监督（使用编码比较功能）；
- 合并团队成员的文件；

- 建立和保持文件命名规则，使文件保持唯一性（如"2019.7.1 团队"或"2019.7.15张三"）。

项目操作流程如图21-2所示。

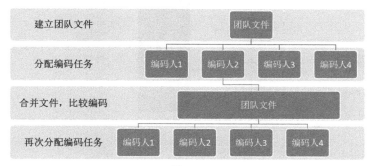

图 21-2

21.2 团队项目的设置与合并

设置要求：
- 建立不同类型数据的访谈文件夹；
- 建立备忘录，记录编码要求，团队成员告知和管理信息等研究日志，最好包含管理员、初步分析和团队日志等文件夹；
- 建立节点文件夹，组织安排编码中的主题，为进一步分析做好准备；
- 建立未编码文件夹，并建立不同成员的子文件夹；
- 建立不同类型的案例文件夹；
- 建立案例分类文件夹；
- 建立文件分类文件夹；
- 建立群组；
- 建立事先预设的查询；
- 建立各种图形。

> **注意**
> 以上只是建议设置的内容，具体设置要根据你自己的研究项目而定；项目管理员不需要事先把所有设置都完成，在研究过程中逐步完善即可；在完成项目合并后，项目管理者可以再根据情况调整项目设置。

团队合作注意事项：
- 不要对源文件进行编辑；
- 不要重命名文件夹；
- 不要对源文件、节点、案例重命名；
- 不要移动源文件或节点；
- 可以建立新的节点、案例。

建立项目副本。单击"文件"选项卡，单击"复制项目"，如图21-3和图21-4所示。

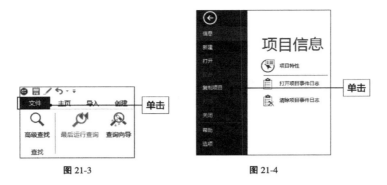

图 21-3　　　　　图 21-4

在"复制项目"对话框中单击"浏览"按钮指定存储位置，如图21-5所示。

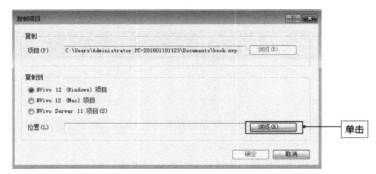

图 21-5

命名规则最好采用"项目名称+日期+成员名缩写"的形式与主项目加以区别，单击"保存"按钮进行保存，如图21-6所示。

图 21-6

命名完成后，单击"确定"按钮，如图21-7所示。

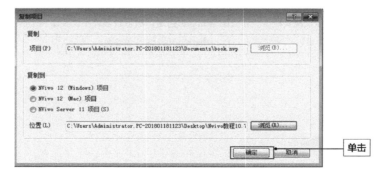

图 21-7

> **注意**
> "复制项目"和"另存为"是不同的;"另存为"意味着建立一个新的文档来结束当前编辑,而"复制项目"是建立项目数据库的副本并保持数据库的原样;项目复制后,建议关闭原始项目,打开项目副本,并对项目副本重新命名从而与原始项目加以区别。

打开项目副本。单击"文件"选项卡,然后单击"项目信息"中的"项目特性",如图21-8和图21-9所示。

图 21-8　　　　　　　　图 21-9

在"项目特性"对话框给项目副本输入新的标题,单击"确定"按钮,如图21-10所示。

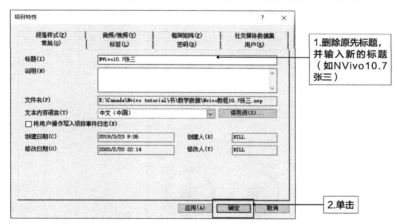

图 21-10

合并项目时需要先建立一个空项目,建立方法如图21-11所示。

图 21-11

导入项目，如图21-12所示。

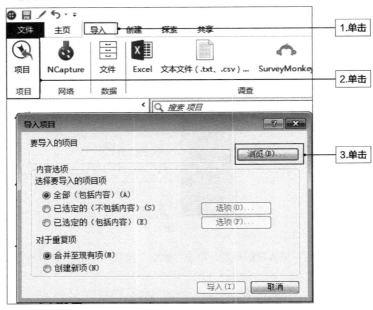

图 21-12

选择项目，如图21-13所示。

单击"导入"按钮，如图21-14所示。

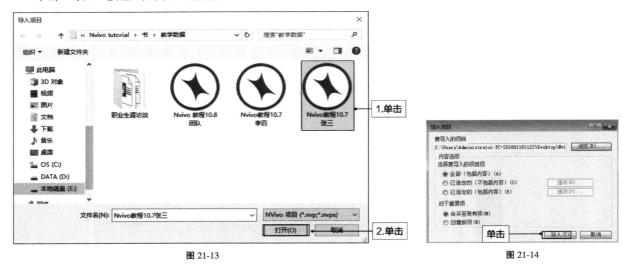

图 21-13　　　　　　　　　　　　　　　　　图 21-14

导入结果列表将显示导入的内容和未导入的内容，如图21-15所示。运行"编码比较""编码带""分组""矩阵编码"功能可以对比不同用户编码。

> **注意**
> 编码中的不一致并不一定是消极的——它可能会引发富有成效的争论，并加深你对数据的理解。

每个团队都应该制作一个流程图，以说明他们将如何作为一个团队一起工作。但是每个团队都有自己的工作方式，这取决于项目的需要和每个团队成员的专业知识，示例流程图如图21-16所示。

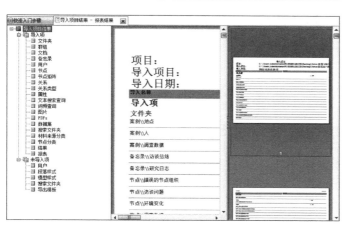

图 21-15

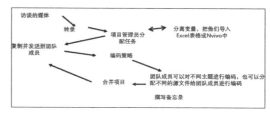

图 21-16

21.3 编码比较

比较两个用户所做的编码,以衡量"评分者间的可靠性"或用户之间编码的一致程度。编码比较查询允许你比较由两个用户或两组用户执行的编码。

编码比较提供了测量"评分者间可靠性"或用户之间一致程度的方法,即计算百分比一致性和"Kappa系数"。

- Percentage agreement是协议单位数除以数据项中的总度量单位,显示为百分比。
- Kappa系数是一种统计测量方法,它考虑了通过偶然性可能发生的一致性。

在"探索"选项卡上的"查询"组中单击"编码比较",将打开"编码比较查询"对话框。在"编码比较范围"对话框中选择要包含在"用户组A"和"用户组B"中的用户。单击"用户组A"右侧的"选择"按钮,如图21-17所示。

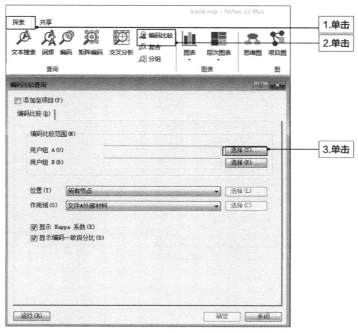

图 21-17

在"选择A组用户"对话框中勾选"用户组A"中的用户"Di Feng",如图21-18所示。

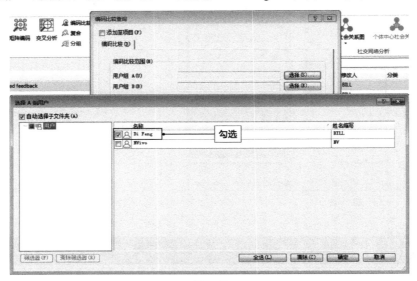

图 21-18

继续选择包含在"用户组B"中的用户,如图21-19所示。

在"位置"下拉列表中选择任一选项,然后单击"选择"按钮以选择特定节点,选择节点的过程之前已经讲过,此处省略,如图21-20所示。

在"作用域"下拉菜中选择任意一选项,然后单击"选择"按钮以选择特定范围,选择作用域的过程之前已经讲过,此处省略,最后单击"运行"按钮,如图21-21所示。

查询运行完成后,查询结果将显示在详细信息视图中,如图21-22所示

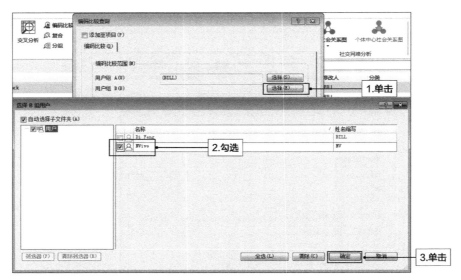

图 21-19

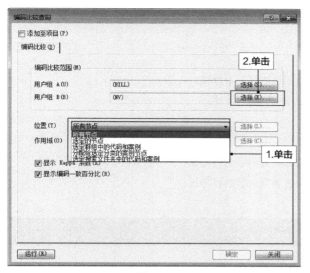

图 21-20

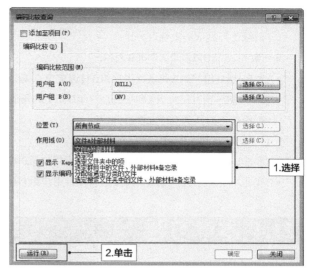

图 21-21

编码比较查询 结果

代码	文件	文件文件夹	文件大小	Kappa	一致 (%)	A 和 B (%)	非 A 且非 B (%)	不一致 (%)	A 且非 B (%)	B 且非 A (%)
of\lining po	教育访谈	文件	3:56.5 持续时	1	100	0	100	0	0	0
of\lining po	另见链接—福	文件	500x670 像素	1	100	0	100	0	0	0
of\lining po	调查数据	文件	154038 个字符	0	99.95	0	99.95	0.05	0	0.05
of\lining po	微博北美站	文件	5 页 (2702 个	1	100	0	100	0	0	0
of\lining po	UC Active Livin	文件\\访谈	377226 个字符	1	100	0	100	0	0	0
of\lining po	教师调查表	文件\\访谈	1895 个字符	1	100	0	100	0	0	0
of\lining po	另见链接—福	文件\\访谈	500x670 像素	1	100	0	100	0	0	0
of\lining po	校园文化建设	文件\\访谈	1895 个字符	1	100	0	100	0	0	0
of\lining po	校长访谈和调	文件\\访谈	4600 个字符	1	100	0	100	0	0	0
of\lining po	创造性学校文	文件\\文献	5 页 (11941	1	100	0	100	0	0	0
of\lining po	丁茸	文件\\职业生	2507 个字符	1	100	0	100	0	0	0
of\lining po	李会	文件\\职业生	2342 个字符	1	100	0	100	0	0	0
of\lining po	李艳萍	文件\\职业生	2332 个字符	1	100	0	100	0	0	0
of\lining po	刘敏	文件\\职业生	3307 个字符	1	100	0	100	0	0	0
of\lining po	刘某	文件\\职业生	1591 个字符	1	100	0	100	0	0	0
of\lining po	孙某	文件\\职业生	1965 个字符	1	100	0	100	0	0	0
of\lining po	王红梅	文件\\职业生	4108 个字符	1	100	0	100	0	0	0
of\lining po	王某	文件\\职业生	1471 个字符	1	100	0	100	0	0	0
of\lining po	文老师	文件\\职业生	1714 个字符	1	100	0	100	0	0	0
of\lining po	杨智	文件\\职业生	1786 个字符	1	100	0	100	0	0	0
of\lining po	赵婕	文件\\职业生	3482 个字符	1	100	0	100	0	0	0
of\load of n	校园文化建设	外部材料	155 个字符	1	100	0	100	0	0	0

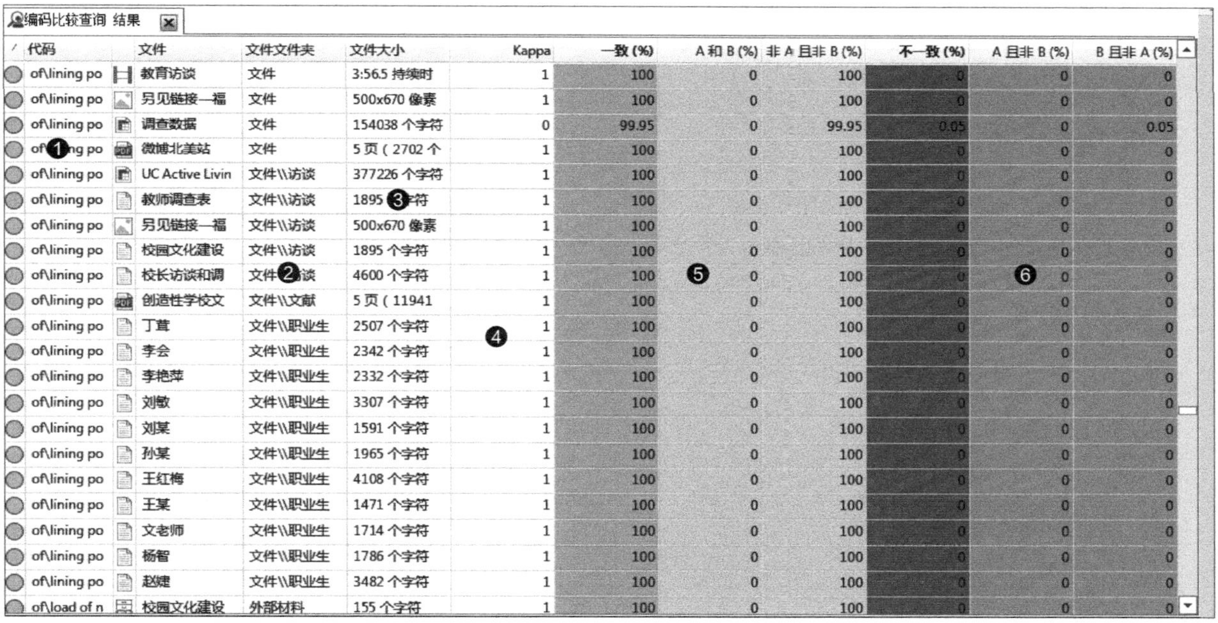

图 21-22

① 列代表包含正在比较的编码的节点。

② 列代表文件名和文件夹位置。

③ 列代表文件大小，计算如下：

- 文档，数据集，备忘录和外部文件=字符数；
- PDF=页数和字符数；
- 媒体文件=持续时间（分、秒、0.1秒）；
- 图片=表示为高度乘以宽度的像素总数。

④ 列代表Kappa系数，只有在选择“显示卡帕系数”时，此列才可用。如果编码完全一致，则Kappa系数（K）=1。如果评分者之间没有一致意见（除了偶然出现的情况），那么Kappa系数（K）≤0。

解释Kappa系数的准则是：小于 0.4解释为一致性较差；0.4~0.75解释为一致性较好；大于0.75解释为一致性非常好；小于或等于零的Kappa系数表示两个用户之间（除了偶然出现的情况）对于可以在节点处进行编码的文件中的内

容没有一致性。

⑤ 列绿色列显示一致性百分比：
- 一致列=A和B以及非A和非B之和；
- A和B=项目用户组A和项目用户组B对选定节点编码的数据项内容的百分比；
- 非A和非B=项目用户组A和项目用户组B都不编码的数据项内容的百分比。

⑥ 列粉红色列显示不一致性百分比：
- 不一致列=A和非B与B和非A之和；
- A和非B=由项目用户组A编码且由非项目用户组B编码的数据项内容的百分比；
- B和非A=由项目用户组B编码且由非项目用户组A编码的数据项内容的百分比。

21.4 本章习题

（1）在Windows Sample Project中，在访谈中运行一个编码比较查询，即Barbara；

只在栖息地（Habitat）节点上运行查询（在自然环境下，即under Natural Environment）；在两个编码者Effie和Wanda之间运行查询，保存查询和结果。

- 导出结果，然后将其导入或粘贴到备忘录中。
- 将其更改为横向，以便可以看到更多。
- 在备忘录中，解释Kappa得分（低）和同意百分比（高）之间的差异，是什么导致了这种差异？

（2）一个由两名研究人员组成的团队提出了一个节点列表，并开始使用这些节点在独立项目的副本中进行编码（每个节点在各自的硬盘上都有一个项目副本）；

农业Agriculture
旅游Tourism
自然环境Natural environment
-水质Water quality
-栖息地Habitat
-环境变化Environmental change
-风景Landscape
-环境影响Environmental impacts
-可再生能源Renewable energy
-生态系统服务Ecosystem services
房地产发展Real estate development
社区变化Community change
基础设施Infrastructure
政策，管理Policy, management

然而，研究者A在"旅游"下增加了两个新的节点（"个人旅游者"和"旅游团"）；他还将"栖息地"更名为"栖息地与生态系统"，并更改了"房地产开发"节点的描述；

研究员B将"基础设施"合并到"房地产开发"，并在顶层添加了一个新的节点，名为"建议"。

- 写一份备忘录，说明如果研究人员将项目A导入项目B中，最终的项目会是什么样子。
- 根据新合并项目的内容向研究人员指出有哪些不足，并在此基础上，就他们如何进行下一轮编码提出至少3条建议。